*Gerhard Brüning*

# Die Apostelgeschichte

Grenzen überwinden, Gott erleben

BRUNNEN
Verlag Giessen · Basel

Der Autor:
Gerhard Brüning, Jg. 1951, ist evangelischer Pfarrer und lebt heute im Ruhestand in Lauterburg/Württemberg. Seit Jahren ist er in der Geistlichen Gemeindeerneuerung in der evangelischen Kirche engagiert. Er ist Autor mehrerer Bücher, verheiratet und hat zwei erwachsene Kinder.

Konzeption und Text: Gerhard Brüning
Lektorat: Konstanze von der Pahlen


Umschlagmotiv: Shutterstock
Umschlaggestaltung: Ralf Simon
Satz: Die Feder GmbH, Wetzlar
Druck: Brockhaus Druck, Dillenburg
ISBN 978-3-7655-0771-7

# Inhalt

# Verzeichnis der Abkürzungen

## Altes Testament

| | |
|---|---|
| 1 Mo | Das erste Buch Mose |
| 2 Mo | Das zweite Buch Mose |
| 3 Mo | Das dritte Buch Mose |
| 4 Mo | Das vierte Buch Mose |
| 5 Mo | Das fünfte Buch Mose |
| Jos | Das Buch Josua |
| Ri | Das Buch über die Richter |
| Ruth | Das Buch Ruth |
| 1 Sam | Das erste Buch Samuel |
| 2 Sam | Das zweite Buch Samuel |
| 1 Kön | Das erste Buch über die Könige |
| 2 Kön | Das zweite Buch über die Könige |
| 1 Chr | Das erste Buch der Chronik |
| 2 Chr | Das zweite Buch der Chronik |
| Esra | Das Buch Esra |
| Neh | Das Buch Nehemia |
| Est | Das Buch Esther |
| Hiob | Das Buch Hiob |
| Ps | Die Psalmen |
| Spr | Die Sammlung der Sprüche |
| Pred | Der Prediger Salomo |
| Hld | Das Hohelied |
| Jes | Der Prophet Jesaja |
| Jer | Der Prophet Jeremia |
| Klgl | Die Klagelieder des Jeremia |
| Hes | Der Prophet Hesekiel |
| Dan | Der Prophet Daniel |
| Hos | Der Prophet Hosea |
| Joel | Der Prophet Joel |
| Am | Der Prophet Amos |
| Ob | Der Prophet Obadja |
| Jona | Der Prophet Jona |
| Mi | Der Prophet Micha |
| Nah | Der Prophet Nahum |
| Hab | Der Prophet Habakuk |
| Zef | Der Prophet Zefanja |
| Hag | Der Prophet Haggai |
| Sach | Der Prophet Sacharja |
| Mal | Der Prophet Maleachi |

## Neues Testament

| | |
|---|---|
| Mt | Das Evangelium nach Matthäus |
| Mk | Das Evangelium nach Markus |
| Lk | Das Evangelium nach Lukas |
| Joh | Das Evangelium nach Johannes |
| Apg | Die Apostelgeschichte |
| Röm | Der Brief des Paulus an die Christen in Rom |
| 1 Kor | Der erste Brief des Paulus an die Christen in Korinth |
| 2 Kor | Der zweite Brief des Paulus an die Christen in Korinth |
| Gal | Der Brief des Paulus an die Christen in Galatien |
| Eph | Der Brief des Paulus an die Christen in Ephesus |
| Phil | Der Brief des Paulus an die Christen in Philippi |
| Kol | Der Brief des Paulus an die Christen in Kolossä |
| 1 Thess | Der erste Brief des Paulus an die Christen in Thessalonich |
| 2 Thess | Der zweite Brief des Paulus an die Christen in Thessalonich |
| 1 Tim | Der erste Brief des Paulus an Timotheus |
| 2 Tim | Der zweite Brief des Paulus an Timotheus |
| Tit | Der Brief des Paulus an Titus |
| Phlm | Der Brief des Paulus an Philemon |
| Hebr | Der Brief an die Hebräer |
| Jak | Der Brief des Jakobus |
| 1 Petr | Der erste Brief des Petrus |
| 2 Petr | Der zweite Brief des Petrus |
| 1 Joh | Der erste Brief des Johannes |
| 2 Joh | Der zweite Brief des Johannes |
| 3 Joh | Der dritte Brief des Johannes |
| Jud | Der Brief des Judas |
| Offb | Die Offenbarung des Johannes |

# Fragen zu diesem Kurs

## *Zielsetzung*

**1. Worum geht es in diesem Kurs?** Um drei Ziele, die alle wichtig sind:

**a. Nahrung für die Seele.** „Der Mensch lebt nicht vom Brot allein, sondern von dem Wort, das Gott spricht.“ In seinem Wort stellt Gott sich uns vor. Hier können wir ihn kennenlernen. Wer mehr über Gott und den christlichen Glauben erfahren will, muss sich mit der Bibel beschäftigen. Wer als Christ im Glauben wachsen will, muss sich aus dem Wort Gottes „ernähren“.

**b. Gemeinschaft.** Im Gespräch über Glaubensfragen und Lebenserfahrungen kommen wir einander näher und können zu einer tragfähigen Gemeinschaft zusammenwachsen.

**c. Wachstum der Gruppe.** Dieser Kurs wendet sich auch an Menschen, die bisher mit der Bibel wenig in Berührung gekommen sind. Wenn Sie immer wieder andere zu Ihren Treffen einladen, kann die Gruppe wachsen, bis eine Teilung nötig wird. Beide neuen Kreise sollen wieder wachsen, bis sie zu groß sind und sich teilen – und so weiter.

## *Teilnehmer*

**2. Für wen soll dieser Gesprächskreis sein?**

- Für Menschen, die sich – neu oder wieder – intensiver mit dem christlichen Glauben beschäftigen wollen.
- Für Menschen, denen Kirche und Glauben fremd geworden sind, die aber nach einem neuen Zugang zum Glauben suchen.
- Für Menschen, die mit Schwierigkeiten zu kämpfen haben und eine Gruppe suchen, die Unterstützung und Zusammenhalt bieten kann.
- Für Menschen, die angesichts vieler Unsicherheiten nach einer tragfähigen Hoffnung suchen.
- Für Menschen, die im Gespräch über Glaubensfragen und im Gebet füreinander in ihrem Glauben wachsen möchten.

## *Der erste Schritt*

**3. Wie sollen wir anfangen?** Machen Sie sich eine Liste mit den Namen, die Ihnen jetzt als mögliche Teilnehmer einfallen. Suchen Sie sich einen Platz, an dem Sie die Liste täglich vor Augen haben. Lassen Sie sie dort, bis Sie alle, die Sie auf Ihrer Liste notiert haben, gefragt haben, ob sie Interesse an einem solchen Gesprächskreis haben.

## *Das erste Treffen*

**4. Was geschieht beim ersten Treffen?** Sie treffen eine Vereinbarung darüber, was Sie in den nächsten Wochen gemeinsam tun wollen. Sie fasst Ihre Erwartungen und „Spielregeln“ für die Gruppe zusammen.

## *Spielregeln*

**5. Wie entsteht die Vereinbarung?** Sprechen Sie über die nachfolgenden Fragen, und notieren Sie die Punkte, bei denen Sie Einigung erzielen. So können Sie am Ende des Kurses gut beurteilen, ob Sie Ihre Ziele erreicht haben.

- Was ist der Zweck Ihrer Treffen?
- Wie oft wollen Sie sich treffen? (Dieser Kurs bietet Ihnen Gesprächsanregungen für zehn Treffen. Wenn Sie danach weiterhin zusammenkommen wollen, verlängern Sie einfach Ihre Vereinbarung.)

• Wo wollen Sie sich treffen?
• Um welche Uhrzeit sollen die Treffen beginnen?
• Wie lange sollen sie dauern?
• Möchten Sie Getränke und etwas zum Knabbern bereitstellen? Wer ist dafür zuständig?

Hilfreich ist es, wenn Sie außerdem Regeln für das Gespräch in der Gruppe vereinbaren. Dazu könnten folgende Vereinbarungen gehören:
• Was in diesem Kreis gesagt wird, ist vertraulich und wird nicht nach außen getragen.
• Wir reden nicht übereinander, sondern miteinander.
• Gesprächsbeiträge werden nicht bewertet; jeder Teilnehmer wird mit seiner Meinung ernst genommen.
• Es gibt keine „unmöglichen" Positionen. Wenn es Meinungsunterschiede gibt, begründet jeder seine eigene Sicht.

• ____________________

____________________

____________________

____________________

____________________

Sie können ergänzen, was Ihnen sonst noch für Ihre Gruppe wichtig zu sein scheint.

## *Zeitlicher Rahmen*

**6. Wie lange dauert ein Treffen?** Die Mindestzeitangaben für die einzelnen Bausteine des Treffens sind für Gruppen gedacht, die nur eine Stunde zusammen sein können. Wenn Sie mehr Zeit zur Verfügung haben, verlängern Sie die angegebenen Zeiten einfach entsprechend.

## *Gesprächsinhalt*

**7. Was wird bei den Treffen besprochen?** Aus der Fülle von Texten der Apostelgeschichte wurden zehn ausgewählt, die Sie genauer betrachten, besprechen und mithilfe der Erläuterungen auslegen. So werden Sie immer besser und tiefer das Wirken des Heiligen Geistes verstehen, wie es Lukas beschreibt. Die Fragen und Erläuterungen nehmen Sie mit hinein in die Entstehung der ersten Gemeinde, und Sie erfahren, wie sich das Evangelium trotz Widerständen ausbreitet. Sie lernen führende Gestalten der ersten Christenheit kennen und bekommen ein vertieftes geschichtliches Verständnis für die ersten Jahrzehnte der Christenheit.

## *Bibelkenntnis*

**8. Und wenn jemand in der Gruppe wenig von der Bibel weiß?** Prima! Dafür ist die Gruppe ja da. Die *Erläuterungen* geben Ihnen Hinweise zum Verständnis größerer Zusammenhänge, einzelner Ausdrücke, geschichtlicher Hintergründe oder wichtiger Einzelheiten im Text. Greifen Sie immer dann auf die Erläuterungen zurück, wenn der Sinn des Textes sich nicht von selbst erschließt.

## *„Hausaufgaben"*

**9. Was muss ich sonst noch tun?** Nichts, wenn Sie nicht wollen. Aber Sie können über das hinausgehen, was in der Gruppe besprochen wird. Nicht immer werden Sie alle Erläuterungen gemeinsam in der Gruppe lesen und alle Fragen diskutieren können. Wenn Sie die Zusatzinformation voll ausschöpfen möchten, haben Sie dafür zwei Möglichkeiten:

Lesen Sie die Einführung zum Gesamtthema des Heftes und vor jedem Treffen den jeweiligen Text und die Erläuterungen vorbereitend zu Hause.

Oder:

Vertiefen Sie das Gespräch über einen Text nachbereitend, indem Sie den Text noch einmal im Zusammenhang lesen und sich Zeit nehmen, die Erläuterungen zu studieren und einzelnen Fragen für sich persönlich noch weiter nachzugehen.

## *Der Traum*

**10. Der Traum, der dahintersteckt: Lebendige Kleingruppen.** Menschen finden sich zusammen, um zu einer Gemeinschaft zu werden, in der jeder eine Heimat findet und mit seinen Freuden und Schwierigkeiten angenommen ist. Menschen kommen zusammen, reden über ihr Leben und ihren Glauben und begegnen der Bibel – unabhängig davon, ob sie zu einer Gemeinde gehören oder nicht.

## *Serendipity*

**11. Was heißt Serendipity?** „Die Gabe, zufällig glückliche Entdeckungen zu machen." Genau darum geht es bei dem Material Lebendige Kleingruppen: dass Menschen zusammenkommen, ihre Erfahrungen austauschen, der Bibel begegnen und dabei wertvolle Entdeckungen für ihr Leben machen – möglicherweise solche, mit denen sie nicht gerechnet haben.

## *Hinweise für Gruppenleiter*

**12. Hilfe für Gruppenleiter.** Weitere Materialien für Bibelgesprächskreise finden Sie auf unserer Homepage: *www.brunnen-verlag.de* unter den Stichworten: „Hauskreis aktuell" und „Rund um die Bibel".

# Wie verläuft ein Treffen?

Jedes Treffen besteht aus drei Teilen:

## *Einstieg*

15–20 Minuten

Der Einstieg bietet Hilfen an, um sich untereinander kennenzulernen und ins Gespräch zu kommen. Er ist ein wichtiger Pfeiler der Beziehungsbrücke, über die Gemeinschaft entsteht.

## *Bibelgespräch*

30–45 Minuten

Lesen Sie den Bibeltext zunächst gemeinsam. Die Fragen geben Ihnen einen Leitfaden für Ihr Gespräch. Greifen Sie immer dann auf die Erläuterungen zurück, wenn der Sinn des Textes sich nicht von selbst erschließt.

Sie werden vielleicht nicht alle Fragen in der zur Verfügung stehenden Zeit ansprechen können. Wählen Sie dann einfach die aus, die Ihrer Gruppe am wichtigsten erscheinen.

Zu manchen Fragen möchten Sie sich vielleicht nicht in der Gruppe äußern. Geben Sie aber Ihre Antwort für sich persönlich. Natürlich hat jeder die Freiheit, nur das mitzuteilen, was er wirklich möchte.

Wenn Ihre Gruppe recht groß ist, können Sie auch überlegen, ob Sie sich für das Bibelgespräch – immer oder hin und wieder – in kleinere Gruppen (etwa zu viert) aufteilen. Das gibt jedem Einzelnen die Möglichkeit, häufiger zu Wort zu kommen.

## *Austausch und Gebet*

15–30 Minuten

Hier ist Gelegenheit, den Text noch einmal ganz persönlich auf sich wirken zu lassen und, wenn Sie möchten, persönliche Anliegen anzusprechen. Dieser Austausch und das gemeinsame Gebet füreinander dienen ganz entscheidend dem Zusammenwachsen und dem Aufbau einer tragfähigen Gemeinschaft.

Beenden Sie Ihr Treffen mit einem gemeinsamen Gebet, wenn alle damit einverstanden sind. Hier ist Raum, auch persönliche Anliegen zu nennen und sie im Gebet Gott anzuvertrauen. Wenn Ihre Gruppe keine Erfahrung mit der Form der Gebetsgemeinschaft hat, kann auch die Gesprächsleiterin oder ein Teilnehmer ein abschließendes Gebet sprechen.

# Einführung: Die Apostelgeschichte

Die Apostelgeschichte ist ein besonderes Buch. In einem weiten Erzählbogen überspannt sie gut 30 Jahre Geschichte der frühen Christenheit. Sie beginnt mit den letzten Tagen Jesu auf der Erde nach seiner Auferstehung und endet mit der leichten Haft, der sich der Apostel Paulus in Rom unterwerfen musste. 30 Jahre – in so einer Zeit passiert allerhand, und manchmal entwickeln die Dinge sich anders, als die Beteiligten gedacht oder gewollt haben.

## *Die Apostelgeschichte als Geschichtsbuch*

Die Apostelgeschichte ist ein besonderes Buch, weil sich ihr Autor Lukas von anderen Autoren des Neuen Testaments unterscheidet. Er versteht sich als Geschichtsschreiber der frühen Christenheit. So stellt er sich dem uns unbekannten Theophilus vor, dem er seine beiden Bücher widmet (vgl. Lk 1,1-4; Apg 1,1-3). Er hat ein Evangelium geschrieben, um alles von Jesus zu erzählen, was er von anderen gehört oder gelesen hat. Das haben auch Matthäus, Markus und Johannes getan – aber nur Lukas schreibt eine Fortsetzung: die Apostelgeschichte. Die Geschichte Jesu geht nämlich weiter als Geschichte der Kirche.

Der ein oder andere mag an dieser Stelle den Kopf schütteln. Kann man die (nicht immer glorreiche) Geschichte der Kirche wirklich mit der großartigen Geschichte des Herrn und Heilands Jesus Christus in einem Atemzug nennen? Man kann, sagt Lukas. Und warum?

*Derselbe Heilige Geist, der dafür gesorgt hat, dass der Sohn Gottes Mensch wurde, hat an Pfingsten von der kleinen Schar Jesusanhänger Besitz ergriffen und so die erste Gemeinde und damit die Kirche Jesu Christi geschaffen.* Darum!

Der Heilige Geist schafft die Kontinuität zwischen der Weltkirche und ihrem Herrn. Das herauszustellen, ist ein Grundanliegen von Lukas. Der Geist, der Jesus bei seiner Taufe erfüllt hat, erfüllt auch die Christen. Der Geist, der Jesus bevollmächtigt hat, bevollmächtigt auch die Christen.

Wir sehen: Wer sich mit Lukas befasst, muss lernen, groß zu denken.

Verschaffen wir uns einen Überblick. Lukas berichtet von den letzten Tagen des auferstandenen Jesus mit seinen Jüngern. Jesus macht ihnen klar, dass er zu Gott, dem Vater, gehen wird, aber sie werden vom Heiligen Geist erfüllt werden. Dann werden sie seine Zeugen sein in Judäa, Samaria und bis an die Enden der Erde. Genauso baut Lukas sein Buch auf. Er berichtet von der Entstehung der Urgemeinde in Jerusalem, ihrem Gemeindeleben und ihren ersten Problemen. Dann kommt das Evangelium von Jesus nach Samarien, einem aufgrund seiner Geschichte, seiner Bevölkerung und seiner Religiosität von Juden eher gemiedenen Landstrich. Der Heilige Geist führt Philippus auf eine einsame Straße, wo sich die Gelegenheit ergibt, einem Afrikaner das Evangelium zu erzählen. Petrus bekommt zu seiner nicht geringen Überraschung Kontakt zur römischen Welt.

Doch mit der Ausbreitung des Evangeliums geht auch ein wachsender Widerstand einher. Die junge Kirche muss lernen, dass Misstrauen, Verhöre, Verhaftungen, Gefängnis, ja sogar der Tod zum Christenleben gehören können. Und dennoch – ausgerechnet einer der fanatischsten Verfolger wird Christ. Die Rede ist vom Völkerapostel Paulus, dessen Wirken in der Apostelgeschichte den größten Raum einnimmt.

Lukas berichtet ausführlich von den Missionsreisen des Paulus und seinen Begleitern, zu denen Lukas teilweise selbst gehört hat. Die Apostelgeschichte endet damit, wie Paulus als Gefangener ins Zentrum der antiken Welt, nach Rom, kommt. Den Hausarrest, dem er dort unterliegt, nutzt er für zahlreiche Gespräche und Kontakte.

## *Die Frohe Botschaft überschreitet Grenzen*

Das Evangelium überschreitet Grenzen: geografische, sprachliche und kulturelle Grenzen. Aber auch innere Grenzen, Grenzen des Denkens müssen überwunden werden. Um das zu verstehen, müssen wir ein wenig ausholen.

Israel war damals Teil des großen Römischen Reichs. In Rom sprach man natürlich Lateinisch, aber vor allem im östlichen Mittelmeerraum war Griechisch die verbindende Sprache unter den Völkern. Die Griechen hatten schon lange, bevor die Römer ihr Reich ausbauten, Kolonien im ganzen Mittelmeerraum gegründet. Ihre Kultur (denken wir nur an die großen Philosophen und Mathematiker!) durchdrang die Kulturen der verschiedensten Völker. Was heute für die Welt die westliche Zivilisation bedeutet, war damals die hellenistische Kultur. Man orientierte sich an ihr.

Es gab aber auch Ausnahmen. Gerade die Juden hatten mit dieser Kultur auch schlechte Erfahrungen gemacht. Vor allem ihre religiöse Praxis, das jüdische Leben mit seinen zahllosen für Nichtjuden nur schwer verständlichen Vorschriften darüber, was als rein und unrein gilt, wirkten vor dem Hintergrund des „modernen" Hellenismus antiquiert und vor allem auch trennend. Auf jüdischer Seite bewirkte diese Kritik am Judentum einen wachsenden Konservativismus, vor allem in Israel selbst. Man wollte die eigene Religion vor Überfremdung schützen.

Jesus war Jude gewesen und hatte auf jüdische Weise gelebt. Für viele der ersten Christen schien es darum nur natürlich zu sein, dass Nichtjuden, wenn sie sich der Jesusgemeinde anschließen wollten, auch Juden werden mussten. Die Männer sollten sich also beschneiden lassen, und selbstverständlich sollten auch für alle die jüdischen Reinheitsgebote gelten.

Wir wissen, dass Paulus hier völlig anders dachte. Im Galaterbrief und im Römerbrief hat er seine Gedanken theologisch begründet. *Der Glaube an Jesus Christus allein genügt, um für die Ewigkeit gerettet zu sein.* Das führte zu einem scharfen Konflikt mit den Konservativen in der Jerusalemer Urgemeinde. Es war eine der großen Leistungen der frühen Christenheit, dass sie an diesem Konflikt nicht gescheitert ist, sondern dem „gesetzesfreien" Evangelium Raum gewährte. Lukas berichtet davon (Apg 15,1ff).

Lukas erzählt, wie Paulus unermüdlich und mit beachtlichem Erfolg die Länder im östlichen Mittelmeerraum bereist, Gemeinden gründet und für sie Sorge trägt. Aber auch Paulus findet nicht nur offene Türen. Seien es heidnische Religionsvertreter, römische Behörden oder konservative Juden, er erfährt viel Widerstand. Als er schließlich nach Jerusalem reist, wird er dort als Tempelschänder verhaftet. Die römischen Behörden lassen sich mit dem Prozess gegen ihn Zeit. Er appelliert an das kaiserliche Gericht und wird schließlich nach Rom gebracht. Außerbiblische Quellen lassen uns annehmen, dass Paulus (wie auch Petrus) dort während der Christenverfolgung durch Kaiser Nero in den 60er-Jahren des 1. Jahrhunderts ums Leben gekommen ist.

## *Lukas als Schriftsteller*

Wenn wir Lukas einen Geschichtsschreiber genannt haben, so müssen wir uns klarmachen, dass wir heute darunter etwas anderes verstehen als die Menschen der hellenistischen Antike. Wir erwarten heute möglichst präzise Angaben: „Dies geschah am Soundsovielten des

Monats X im Jahre Y." Aber so lief das damals nicht. Ob Paulus groß war oder Petrus eine Glatze hatte, werden wir in dieser Welt nicht erfahren. Die antiken Autoren sagen uns das nicht.

Dennoch ist Lukas einer der Großen unter den Autoren des Neuen Testaments. Er ist ein glänzender Erzähler, ein guter Beobachter und hat ein feines Gespür für die jeweilige Situation. Er ist auch ein Meister der Sprache. Wenn er Petrus in Jerusalem predigen lässt (vgl. Apg 2,14ff), hat sein Griechisch einen semitischen Hauch. Man merkt also, hier spricht einer, dessen Muttersprache Hebräisch oder Aramäisch, aber nicht Griechisch war. Lässt er Paulus mit den Philosophen in Athen diskutieren (Apg 17, 16-34), nähert sich sein Stil dem klassischen Hochgriechisch an. Leider lässt sich das in eine deutsche Übersetzung kaum übertragen.

Von Konflikten in der Gemeinde spricht Lukas offen und doch in vornehmer Zurückhaltung. Er bemüht sich, allen gegenüber fair zu sein. Für einen Nichtjuden hat er gute Kenntnisse der jüdischen Welt, und vor allen Dingen bringt er gegenüber der jüdischen Wurzel seines Glaubens hohen Respekt auf. Er versteht das Alte Testament durch und durch heilsgeschichtlich: Was mit der Berufung Abrahams begann (1 Mo 12,1-3), findet seine Erfüllung in Jesus, dem Heiland der Welt.

Lukas war Arzt (Kol 4,14) und hat zeitweise Paulus auf seinen Reisen begleitet (siehe das „wir" in Apg 16,10 und anderswo). Ihm setzt er mit seinem Buch ein Denkmal. Dennoch ist er ein eigenständiger Theologe mit einer eigenen Sicht der Dinge.

Wann er sein Buch geschrieben hat, lässt sich nur schwer sagen. Die Meinungen der Neutestamentler gehen hier zum Teil weit auseinander. Auf alle Fälle blickt Lukas schon auf einen Teil Kirchengeschichte zurück und damit auf Entwicklungen und Krisen. Ihm ist es wichtig, die Kirche (und damit sind auch wir heute gemeint) an ihre Anfänge zu erinnern. Ohne Heiligen Geist gibt es keine Kirche, und wo sie sich seinem Leiten entzieht, entzieht sie sich dem Herrn Jesus Christus.

Das Leben der Gemeinden mag unterschiedliche Formen haben, aber an der Urgemeinde lässt sich zeigen, worauf es im Leben der Christen ankommt. So ist die Apostelgeschichte gerade für uns Menschen des 21. Jahrhunderts ein wichtiges und hochaktuelles Buch.

Die Apostelgeschichte ist randvoll mit spannenden Geschichten. Die hier getroffene Textauswahl soll verdeutlichen, warum sich der Glaube an Jesus Christus trotz aller Widerstände so dynamisch verbreitete.

Haben Sie Lust bekommen, dieses Buch zu lesen und gemeinsam mit Ihrer Gruppe spannende Entdeckungen zu machen? Also dann – auf geht's!

# 1 Der Sturm Gottes

## Apostelgeschichte 2,1-41 in Auszügen

***Einstieg***
*15–20 Minuten*
*Wählen Sie bitte eine oder zwei Fragen aus.*

1. Haben Sie schon einmal etwas erlebt, was Ihr Leben völlig verändert hat?

2. Was bedeutet Ihnen Pfingsten? Feiern Sie es?

3. Was fällt Ihnen ein, wenn Sie das Wort „Heiliger Geist" hören?

4. Was kann Sie be*geist*ern?

### Die Entstehung der ersten Gemeinde

[1] Zum Beginn des jüdischen Pfingstfestes waren alle Jünger wieder beiei-
nander. [2] Plötzlich kam vom Himmel her ein Brausen wie von einem
gewaltigen Sturm und erfüllte das ganze Haus, in dem sie sich versam-
melt hatten. [3] Zugleich sahen sie etwas wie züngelndes Feuer, das sich auf
jedem Einzelnen von ihnen niederließ. [4] So wurden sie alle von dem
Heiligen Geist erfüllt und redeten in fremden Sprachen, jeder so, wie der
Geist es ihm eingab. [5] Zum Fest waren viele fromme Juden aus aller Welt
nach Jerusalem gekommen. [6] Als sie das Brausen hörten, liefen sie von
allen Seiten herbei. Fassungslos hörte jeder die Jünger in seiner eigenen
Sprache reden. [7] „Wie ist das möglich?", riefen sie außer sich. „Alle diese
Leute sind doch aus Galiläa, [8] und nun hören wir sie in unserer Mutter-
sprache reden; [9] ganz gleich ob wir Parther, Meder oder Elamiter sind.
Andere von uns kommen aus Mesopotamien, Judäa, Kappadozien, Pon-
tus und der Provinz Asia, [10] aus Phrygien, Pamphylien und aus Ägypten,
aus der Gegend von Kyrene in Libyen und selbst aus Rom. Wir sind Ju-
den oder Anhänger des jüdischen Glaubens, [11] Kreter und Araber. Doch
jeder von uns hört diese Männer in seiner eigenen Sprache von Gottes
großen Taten reden!" [12] Bestürzt und ratlos fragte einer den anderen:
„Was soll das bedeuten?" [13] Einige aber spotteten: „Die haben doch nur
zu viel getrunken!"
[14] Da erhob sich Petrus mit den anderen elf Aposteln und rief der Menge
zu: „Hört her, ihr jüdischen Männer und ihr Einwohner von Jerusalem.
Ich will euch erklären, was hier geschieht. [15] Diese Männer sind nicht
betrunken, wie einige von euch meinen. Es ist ja erst neun Uhr morgens.
[16] Nein, hier erfüllt sich, was Gott durch den Propheten Joel vorausgesagt

hat. Bei ihm heißt es: 17 ‚In den letzten Tagen, spricht Gott, will ich die
Menschen mit meinem Geist erfüllen. Eure Söhne und Töchter werden
aus göttlicher Eingebung reden, eure jungen Männer werden Visionen
haben und die alten Männer bedeutungsvolle Träume. 18 Allen Männern
und Frauen, die mir dienen, will ich meinen Geist geben, und sie werden
in meinem Auftrag prophetisch reden. 19 Am Himmel und auf der Erde
werdet ihr Wunderzeichen sehen: Blut, Feuer und Rauch. 20 Die Sonne
wird sich verfinstern und der Mond blutrot scheinen, bevor der große
Tag kommt, an dem ich Gericht halte. 21 Wer dann den Namen des
Herrn anruft, wird gerettet werden.‘
22 Hört her, ihr Männer Israels! Wie ihr alle wisst, hat Jesus von Nazareth
in Gottes Auftrag mitten unter euch mächtige Taten, Zeichen und Wun-
der gewirkt. Ja, Gott selbst hat durch ihn gehandelt und so seinen Auftrag
bestätigt. 23 Aber Jesus wurde durch Verrat an euch ausgeliefert, und ihr
habt ihn mit Hilfe der heidnischen Römer ans Kreuz genagelt und umge-
bracht. Doch genau so war es von Gott gewollt und vorausbestimmt.
24 Diesen Jesus hat Gott auferweckt und damit die Macht des Todes ge-
brochen. Wie hätte auch der Tod über ihn Gewalt behalten können! …
36 Ganz Israel soll wissen: Gott hat Jesus, den ihr gekreuzigt habt, zum
Herrn und Retter gemacht.“ 37 Als die Leute das hörten, waren sie von
dieser Botschaft tief betroffen. Sie fragten Petrus und die anderen Apos-
tel: „Brüder, was sollen wir tun?“ 38 „Kehrt um zu Gott!“, forderte Petrus
sie auf. „Jeder von euch soll sich auf den Namen Jesu Christi taufen las-
sen, damit euch Gott eure Sünden vergibt und ihr den Heiligen Geist
empfangt. 39 Das alles ist euch, euren Nachkommen und den Menschen
in aller Welt zugesagt, die der Herr, unser Gott, in seinen Dienst berufen
wird.“ 40 Petrus sprach noch lange mit ihnen und forderte sie eindringlich
auf: „Lasst euch retten vor dem Gericht Gottes, das über diese gottlose
Generation hereinbrechen wird.“ 41 Viele Zuhörer glaubten, was Petrus
ihnen sagte, und ließen sich taufen. Etwa dreitausend Menschen wurden
an diesem Tag in die Gemeinde aufgenommen.

**Bibelgespräch**
*30–45 Minuten*
*Wählen Sie ggf. unter den Fragen aus.*

1. Welche Bilder werden im Text für den Heiligen Geist verwendet? Fallen Ihnen noch weitere ein? Welche Aussage treffen diese Bilder über den Heiligen Geist?

2. Der Joel-Text (ab Vers 17) enthält Hinweise auf den „Tag des Herrn". Vergleichen Sie Apg 2,19-21 mit Lk 21,25-28. Im ersten Jahrhundert glaubten viele Juden, dass das Ende der Welt nahe sei.

3. Welche Aussage des Petrus über Jesus spricht Sie persönlich am meisten an? Warum?

4. Welche Aussagen des Petrus über Jesus dürften die damaligen Zuhörer am meisten schockiert haben?

5. Lesen Sie 1 Mo 11,1-9 und vergleichen Sie den Text mit Apg 2,6-11. Ist die Sprachenverwirrung in Babel nur Strafe oder schützt sie die Menschen auch? Wovor? Was bewirkt Gott mit dem Sprachenwunder in Jerusalem?

**Austausch und Gebet**
*15–30 Minuten*

*Wählen Sie ggf. unter den Fragen aus. Sie können das Gespräch mit einem gemeinsamen Gebet abschließen, in dem Sie auf mögliche Fragen und Anliegen Bezug nehmen, die im Gespräch deutlich geworden sind. Fragen, die nicht in der Gruppe thematisiert werden, können Ihnen auch als Anstoß dienen, zu Hause den Text vertiefend zu betrachten.*

1. Haben Sie schon einmal um den Heiligen Geist gebeten (vgl. Lk 11,13)? Warum? Warum nicht?

2. Der Bibeltext hat gezeigt, dass der Heilige Geist unterschiedlichste Menschen verbinden und zu einer Gemeinschaft machen kann. Gibt es in Ihrer Umgebung oder in Ihrer Gemeinde eine Situation, wo der Heilige Geist Menschen zueinanderbringen müsste? Beten Sie dafür!

3. Erinnern Sie sich an eine Predigt, die Sie tief bewegt und dazu geführt hat, dass Sie etwas in Ihrem Leben verändert haben? Erzählen Sie davon!

4. Freuen Sie sich über Ihre Gemeinde? Warum?

## *Erläuterungen*

**Zusammenfassung:** Von allen Kapiteln der Apostelgeschichte ist dieses vielleicht das wichtigste. Das 1. Kapitel hat darauf vorbereitet, was hier geschieht. Der Heilige Geist kommt auf die Jünger herab. Sie fangen an, in aller Öffentlichkeit von Jesus zu reden. Das ist keineswegs ungefährlich. Erst vor rund sieben Wochen hatte man Jesus als Verbrecher gekreuzigt.

Bei dieser Verkündigung geschieht ein Sprachenwunder. In ihrer Be*geist*erung sprechen die Jünger in unterschiedlichsten Sprachen. Das erweckt Bestürzung und Aufmerksamkeit.

In das Erstaunen und Diskutieren hinein erhebt Petrus seine Stimme und fängt an zu predigen. Er verkündigt Jesus als Herrn und Retter. Am Ende der Predigt sind viele Menschen betroffen und lassen sich taufen. Die erste Gemeinde entsteht.

Der letzte Abschnitt von Apg 2 erzählt vom Leben und den Kennzeichen dieser Gemeinde. (Das wird im 2. Kapitel dieses Hefts gesondert behandelt.)

Für Petrus' Zuhörer ist Jesus zunächst nur ein von den Römern gekreuzigter Verbrecher. Petrus will sie davon überzeugen, dass er der verheißene Messias ist. Eine schwere Predigtaufgabe! Da er es mit Juden zu tun hat, kann und muss er in seinen Argumenten auf das Alte Testament zurückgreifen. Wenigstens eine ungefähre Kenntnis des Alten Testaments kann er bei seinen Zuhörern voraussetzen. Es lohnt sich, genau darauf zu achten, wie Petrus argumentiert und wie er mit den Texten umgeht.

**2,1. Zum Beginn des jüdischen Pfingstfestes waren alle Jünger wieder beieinander.** Gemeint ist das jüdische „Wochenfest" (hebr. Schavuoth), das 50 Tage (50 = griech.: pentekoste → „Pfingsten") nach dem Passahfest gefeiert wird. Am Wochenfest feiern die Juden die erste Ernte; außerdem gedenken sie der Gesetzgebung durch Gott am Sinai.

**2,2-4. Plötzlich kam vom Himmel her ein Brausen wie von einem gewaltigen Sturm und erfüllte das ganze Haus, in dem sie sich versammelt hatten. Zugleich sahen sie etwas wie züngelndes Feuer, das sich auf jedem Einzelnen von ihnen niederließ. So wurden sie alle mit dem Heiligen Geist erfüllt und redeten in fremden Sprachen, jeder so, wie der Geist es ihm eingab.** Nur mit Ehrfurcht und Zurückhaltung kann man beschreiben, was hier geschah. Jesu Verheißung (Apg 1,8) wird wahr. Der Heilige Geist kommt, die Kirche Jesu Christi wird geboren. Lukas benutzt starke Bilder (Sturm, Feuer), um das Geschehen anschaulich zu machen. In der Tat: Wo Sturm und Feuer einmal darübergegangen sind, ist nichts mehr so, wie es vorher war. Die Jünger sind (in jeder Hinsicht des Worts) ergriffen. Es ist zugleich der Anfang eines geschichtlichen Prozesses, der bis heute andauert und weitergehen wird bis zum Jüngsten Tag: An jenem Pfingsttag wurde Jesus erstmals öffentlich als Retter verkündigt. Das wird bis zur Wiederkehr Jesu nicht aufhören, und der Heilige Geist wird bis dahin Menschen zum Glauben führen (vgl. 1 Kor 12,3).

**2,5-11. Zum Fest waren viele fromme Juden aus aller Welt nach Jerusalem gekommen. ... „Doch jeder von uns hört diese Männer in seiner eigenen Sprache von Gottes großen Taten reden."** Das Wochenfest war (wie auch das Passahfest und das Laubhüttenfest) ein Pilgerfest, an dem man den Tempel besuchte; darum die große Zahl an Auslandsjuden. Doch das Sprachenwunder von Pfingsten will nicht erklärt, sondern verstanden werden: Gott führt sein Volk zusammen. Menschen aus aller Welt sollen die Botschaft hören. Was die Menschen trennt, überbrückt der Heilige Geist. Er führt sie zum gemeinsamen Lob Gottes.

**2,13. Einige aber spotteten: „Die haben doch nur zu viel getrunken!"** Es gibt sie immer und überall, die Leute, die mit einem spöttischen oder ignoranten Spruch dabei sind, wenn es in der Religion einmal etwas lauter oder ungewohnt zugeht. Es wird gut sein, wenn man als Christ in einer solchen Situation nicht zu empfindlich ist und auch nicht empfindlich reagiert. Wenn es die Situation erlaubt, kann man versuchen zu erklären. Ansonsten ist es besser, im Stillen für diese Menschen zu beten. – Wir leben heute in einer Gesellschaft, in der viele Menschen keinerlei religiöse Erfahrungen haben und die Verbindung von Glauben und Emotion bei vielen Angst hervorruft.

**2,16. „Nein, hier erfüllt sich, was Gott durch den Propheten Joel vorausgesagt hat."** Die Erfüllung mit dem Heiligen Geist war für die frühe Christenheit das klare Zeichen dafür, dass jetzt die „letzte Zeit" angebrochen war, wie von den Propheten angekündigt. Im Alten Testament sind es einzelne Personen, die mit dem Heiligen Geist erfüllt wurden.

Dass jeder Gläubige den Heiligen Geist empfängt, war außerdem der klare Beweis, dass Jesus der Christus, der Messias ist. Johannes hatte mit Wasser getauft, Jesus taufte mit dem Heiligen Geist (Lk 3,16; Apg 1,5).

Petrus konnte bei seinen Zuhörern die Kenntnis des Propheten Joel voraussetzen. Sie sind Juden und kennen das Alte Testament, und sie leben in einer Zeit, in der viele Juden auf den Messias warteten. Das heißt, sie waren sensibel für Bibelstellen, die „messianisch" verstanden werden konnten. Ob sie die Deutung des ihnen fremden Geschehens mithilfe der Joel-Prophetie akzeptieren konnten?

**2,17-21. „„In den letzten Tagen, spricht Gott, will ich die Menschen mit meinem Geist erfüllen. ... Wer dann den Namen des Herrn anruft, wird gerettet werden.'"** Wenn Sie den Text aus dem Buch Joel, den Petrus hier zitiert, im Alten Testament nachschlagen, werden Sie feststellen, dass einige Sätze etwas anders sind. Erschrecken Sie nicht! Das hat damit zu tun, dass hier in Apg 2 aus der „Septuaginta", einer griechischen Übersetzung des Alten Testaments, zitiert wird. Die Septuaginta war für viele griechisch sprechende Juden ihr Altes Testament. Zwischen dem (uns bekannten) hebräischen Alten Testament und der Septuaginta gibt es aber stellenweise gewisse Unterschiede. Das kann Ihnen bei der Lektüre des Neuen Testamentes durchaus öfter passieren.

**2,22-24. „Hört her, ihr Männer Israels! Wie ihr alle wisst, hat Jesus von Nazareth in Gottes Auftrag mitten unter euch mächtige Taten, Zeichen und Wunder gewirkt. ... Ihr habt ihn mit Hilfe der heidnischen Römer ans Kreuz genagelt und umgebracht. Doch genau so war es von Gott gewollt und vorausbestimmt. Diesen Jesus hat Gott auferweckt ..."** Petrus muss jetzt auf Jesus zu sprechen kommen. Auffällig, wie stark er die **Taten, Zeichen und Wunder** betont. Die Wunderskepsis heutiger Christen war Petrus bzw. Lukas fremd. Auch damit will Petrus beweisen, dass Jesus der Messias ist. Man lese einmal zum Vergleich Lk 7,18-23, wo Johannes der Täufer fragt, ob Jesus der erwartete Retter sei. Jesus antwortet mit dem Hinweis auf seine **Taten**.

Dann spricht Petrus vom „göttlichen Muss" des Todes Jesu, ohne dass dies näher ausgeführt wird. Der Höhepunkt dieses Gedankengangs ist natürlich die Auferstehung Jesu.

Petrus' Aussage ist in den Ohren der Zuhörer mindestens so herausfordernd und fragwürdig wie die Aussage, eben sei der Heilige Geist zu den Jüngern gekommen. Hat Petrus das mithilfe des Propheten Joel gedeutet, so benutzt er in den folgenden (hier nicht abgedruckten) Versen Psalmenzitate, um die Rede von der Auferstehung Jesu zu erklären.

Die Psalmen waren und sind das Gebetbuch Israels. Also auch hier – und hier erst recht – kann Petrus bei seinen Hörern Kenntnisse voraussetzen. Dass er damit in seiner ganzen Predigt Texte „aus den Schriften und Propheten" zitiert, ist für seine Zuhörer wichtig, denn das entsprach den Erwartungen, die man damals an eine gute Predigt hatte. (Auch Paulus argumentiert immer wieder mit solchen Schriftbeweisen.) In den Versen 33-35 verbindet Petrus die Geistausgießung mit der Erhöhung Christi im Himmel und verknüpft das geschickt mit einem Zitat aus Ps 110. Petrus macht David so zu Zeugen Christi.

**2,36-39. „Ganz Israel soll wissen: Gott hat Jesus, den ihr gekreuzigt habt, zum Herrn und Retter gemacht." ... „Kehrt um zu Gott!", forderte Petrus sie auf. „Jeder von euch soll sich auf den Namen Jesu Christi taufen lassen, damit euch Gott eure Sünden vergibt und ihr den Heiligen Geist empfangt. ..."** Nun gelangt Petrus zur „Zielgeraden" seiner Predigt: Weil Jesus der Herr ist, sind die Menschen zur Umkehr zu Gott aufgerufen. Glaube und Taufe reinigen die Menschen von ihrer Sünde. Dann werden auch sie den Heiligen Geist empfangen und im Endgericht gerettet.

Petrus spürt zwar die Betroffenheit vieler Menschen, aber der Aufruf zu Umkehr und Glaube ist eine gewaltige Herausforderung. Wie werden die Menschen reagieren? „Schauen wir mal." – „Bloß nichts überstürzen." – „Das will gut überlegt sein." – „Erst mal drüber schlafen." – „Darüber muss ich erst noch mal nachdenken." Der Heilige Geist hat sich schon viele Ausreden anhören müssen, wenn er an ein Herz geklopft hat.

**2,41. Viele Zuhörer glaubten, was Petrus ihnen sagte, und ließen sich taufen.** Petrus' Predigt hat eingeschlagen! Eine große Anzahl von Menschen ließ sich überzeugen. Das ist nicht immer so. Wir werden noch einen Text lesen, wo Paulus sich mit „einer Handvoll" Bekehrter begnügen muss.

Haben wir heute noch den Glauben, dass sich Menschen bei unseren Predigten bekehren? Und predigen wir Bekehrung? Man kann heutzutage diesbezüglich eine merkwürdige Scheu beobachten. Andererseits ist das auch nicht einfach. Menschen zu einer Umkehr zu rufen, bedeutet ja immer auch zu sagen: „Ihr habt es nötig." Aber wer lässt sich schon gern einen Sünder nennen? Wie können wir Menschen für den Glauben und für eine Umkehr zu Gott gewinnen?

Der bekannte württembergische Pfarrer Christoph Blumhardt (1842–1919) sagte einmal: „Nennt die Menschen nicht immer nur Sünder. Sie sind Gequälte." Vielleicht steckt in diesem Gedanken die Brücke hin zu anderen.

# 2 Eine lebendige Gemeinde

## Apostelgeschichte 2,42-47

***Einstieg***
*15–20 Minuten*
*Wählen Sie bitte eine oder zwei Fragen aus.*

1. An manchen Einfahrtstraßen zu Orten finden wir Hinweise auf Kirchen und Gottesdienstzeiten. Was halten Sie davon?

2. Was ist Ihnen am Gemeindeleben am wichtigsten? Was darf in einer guten Gemeinde nicht fehlen?

3. Haben Sie gern ein offenes Haus und viele Gäste um den Tisch? Warum? Warum nicht?

4. Miteinander beten – manchen Leuten fällt das nicht leicht. Und Ihnen?

5. „Mir reicht das, wenn ich an Weihnachten zur Kirche gehe." Was halten Sie von diesem Satz?

**Gemeinschaft, Abendmahl, Gebet**

42 Alle in der Gemeinde ließen sich regelmäßig von den Aposteln im
Glauben unterweisen und lebten in enger Gemeinschaft, feierten das
Abendmahl und beteten miteinander. 43 Eine tiefe Ehrfurcht vor Gott
erfüllte sie alle. Er wirkte durch die Apostel viele Zeichen und Wunder.
44 Die Gläubigen lebten wie in einer großen Familie. Was sie besaßen,
gehörte ihnen gemeinsam. 45 Wer ein Grundstück oder anderen Besitz
hatte, verkaufte ihn und half mit dem Geld denen, die in Not waren.
46 Täglich kamen sie im Tempel zusammen und feierten in den Häusern
das Abendmahl. In großer Freude und mit aufrichtigem Herzen trafen sie
sich zu gemeinsamen Mahlzeiten. 47 Sie lobten Gott und waren im gan-
zen Volk geachtet und anerkannt. Die Gemeinde wuchs mit jedem Tag,
weil Gott viele Menschen rettete.

## Bibelgespräch

*30–45 Minuten*
*Wählen Sie ggf. unter den Fragen aus.*

1. Nehmen Sie sich Zeit, die in Vers 42 genannten Punkte zu bedenken. Welchen Stellenwert nehmen sie in Ihrem Gemeindeleben ein? Wie wichtig sind sie Ihnen persönlich? Nur so kann man wahren Glauben und Gemeinschaft leben. 4 Punkte super wichtig ohne geht nichts
2. Wie lebten die ersten Christen Gemeinschaft?
   Sie kamen gemeinsam am Gottesdienst unterschiedliche Menschen, ein Glaube
3. Warum war die Arbeit der Apostel wohl wichtig?
   Sie unterwiesen die Gläubigen
4. Woran, meinen Sie, liegt es, dass die Urgemeinde so fröhlich war, gerne teilte und in enger Gemeinschaft lebte?
   Sie entwickelten ein solidarisches Miteinander. Sie feierten Abendmahl und gemeinsames beisammen sein in einem Glauben.

## Austausch und Gebet

*15–30 Minuten*

*Wählen Sie ggf. unter den Fragen aus. Sie können das Gespräch mit einem gemeinsamen Gebet abschließen, in dem Sie auf mögliche Fragen und Anliegen Bezug nehmen, die im Gespräch deutlich geworden sind. Fragen, die nicht in der Gruppe thematisiert werden, können Ihnen auch als Anstoß dienen, zu Hause den Text vertiefend zu betrachten.*

1. Was bedeutet Ihnen das Abendmahl? Erinnerung was Jesus tat, Gemeinschaft, Liebe Gottes, eine Einheit
2. Wenn es etwas gäbe, was Sie in Ihrer Gemeinde ändern könnten, was wäre es? Beten Sie für Ihre Gemeinde und für notwendige Änderungen.
   Annahme auch wenn man anders ist.
3. Was antworten Sie einem Menschen, der sagt: „Christ sein kann ich auch im stillen Kämmerlein"?
   Christ sein bedeutet Gemeinschaft haben mit Bruder und Schwester, die das selbe Glauben.

## *Erläuterungen*

**Zusammenfassung:** Die folgenden Verse stellen ein „Summarium“ dar, also so etwas wie eine Zusammenfassung. Summarien sind für die Evangelisten ein – nennen wir es – literarisches Stilmittel. Wir neigen dazu, solche Texte rasch zu überfliegen, um möglichst schnell zur nächsten „richtigen“ Geschichte zu kommen. Aber damit täte man den Summarien unrecht. In den Evangelien und in der Apostelgeschichte beschreiben sie die für die entsprechenden Personen typischen Handlungsweisen und unterstreichen deren Bedeutung. Lukas hat mit diesem Summarium also eine pädagogische Absicht. Er möchte uns sagen: „Schaut her! So wie in Jerusalem muss Gemeinde aussehen.“

**2,42. Alle in der Gemeinde ließen sich regelmäßig von den Aposteln im Glauben unterweisen und lebten in enger Gemeinschaft, feierten das Abendmahl und beteten miteinander.** Was hier mit **regelmäßig** wiedergegeben wird, heißt in der Lutherbibel: „Sie blieben aber beständig in der Lehre …“ *Es gibt kein Christsein ohne Beständigkeit!* Doch vielleicht sollten wir besser von unserem „Christwerden“ sprechen als von unserem Christsein. Es ist ja nicht so, dass wir von heute auf morgen plötzlich „in Ordnung“ sind und alles vom Christsein wissen. Zwar werden wir „von heute auf morgen“ Gottes Kinder. Aber wie Kinder erwachsen werden müssen (und das geht nicht ohne Lernen und Wachstumsschmerzen!), sollen auch wir mündige Christen werden. Der Heilige Geist will unseren Charakter verbessern. Das geht eben nicht im Handumdrehen. Beständigkeit heißt, Gott in seiner Treue und beständigen Liebe an uns wirken zu lassen. Und auch für uns gilt es, „dranzubleiben“ und nicht nur dann am Gemeindeleben teilzunehmen, wenn wir gerade Lust dazu haben, vgl. Hebr 10,23-25.

Lukas zählt in diesem Vers die wesentlichen Elemente des christlichen Glaubens auf.

**1. Die Lehre.** Natürlich besteht Glauben in allererster Linie darin, Gott zu vertrauen. Aber wir vertrauen nicht *irgendeinem* Gott oder irgendeiner „höheren Macht“, sondern dem Gott der Bibel. In ihr steht, was wir unbedingt über Gott wissen müssen. Wir glauben an einen Gott, der sich offenbart. Selbstverständlich sind Gottes Gedanken nicht unsere Gedanken (vgl. Jes 55,8+9), und Gott wird immer unser Denk- und Fassungsvermögen übersteigen. Aber Denken und Wissen sind Gaben Gottes an den Menschen. Er soll im Glauben und Verstehen wachsen. Dazu braucht es Lehre.

Der mittelalterliche Theologe Anselm von Canterbury sprach sehr schön von der *fides quaerens intellectum,* vom „Glauben, der nach Einsicht sucht“. Im Nachdenken über Gott und sein Wort soll der Mensch fähig werden, seinen Glauben im Alltag zu bewähren. Die Bedeutung solider christlicher Lehre kann nicht hoch genug eingeschätzt werden.

**2. Die Gemeinschaft.** Der Heilige Geist schließt im Glauben die unterschiedlichsten Menschen zu einer Gemeinschaft zusammen, damit sie gemeinsam wachsen und gemeinsam am Reich Gottes bauen können. Jede Gemeinschaft will gepflegt sein, soll sie Bestand haben. Und da es keine menschliche Gemeinschaft ohne Konflikte gibt, gilt das erst recht. Das kostet Zeit! Man muss sie sich nehmen. Man lernt voneinander; das ist die Verheißung einer Gemeinschaft.

**3. Die Mahlgemeinschaft.** In der Frühzeit des Christentums gingen Abendessen und „Abendmahl“, also die eucharistische Gemeinschaft, meist ineinander über. Das Sakrament war Teil des Alltagslebens, wie denn überhaupt Alltag und Gemeindeleben für diese Christen untrennbar zusammengehörten. Im Abendmahl erfährt die Gemeinde die Gemeinschaft mit dem auferstandenen Jesus und untereinander. Sie wird daran erinnert, dass sie die Gemeinde der begnadigten Sünder ist. Beim Abendmahl sind alle vor dem Herrn gleich.

**4. Das Gebet.** Beten – im stillen Kämmerlein wie in Gemeinschaft – stellt die lebendige Verbindung zu Gott her. Hier schlägt das Herz des Glaubens!

**2,43. Eine tiefe Ehrfurcht vor Gott erfüllte sie alle. Er wirkte durch die Apostel viele Zeichen und Wunder.** Ehrfurcht vor Gott macht den Menschen dazu bereit, Gottes Werkzeug zu werden. Ehrfurcht ist Respekt vor der Größe und Andersartigkeit Gottes. Ehrfurcht ist das Wissen um seine Heiligkeit und Majestät. Ehrfurcht ist die Dankbarkeit für seine Gnade. Wo Ehrfurcht ist, da schenkt Gott auch Wunder.

Für Lukas gehören Wunder zum Glauben dazu. Immer wieder erzählt er von Wundern durch die Apostel; in Apg 5,12-16 widmet er ein weiteres Gemeindesummarium diesem Thema.

**2,44-45. Die Gläubigen lebten wie in einer großen Familie …** In einer Zeit, die zwar das Almosen kannte, aber keine Sozialversicherung im heutigen Sinn, entwickelten die ersten Christen ein erstaunlich modernes solidarisches Gemeinschaftswesen. Lukas, der von allen Evangelisten am stärksten vor Habgier warnt und den Umgang mit Geld häufiger als Matthäus, Markus und Johannes behandelt, widmet dieser Gütergemeinschaft in Apg 4,32-37 ein Gemeindesummarium und erzählt danach in der hochdramatischen Geschichte von Hananias und Saphira, wie der Heilige Geist einen Betrug aufdeckt.

**2,46-47. Täglich kamen sie im Tempel zusammen und feierten in den Häusern das Abendmahl. In großer Freude und mit aufrichtigem Herzen trafen sie sich zu gemeinsamen Mahlzeiten. Sie lobten Gott und waren im ganzen Volk geachtet und anerkannt. Die Gemeinde wuchs mit jedem Tag, weil Gott viele Menschen rettete.** Die Christen trafen sich im Tempel und in den Hausgemeinschaften, so wie wir heute in den Gemeinden und Häusern, also in der Großgruppe und in Kleingruppen. In ihrer Art fielen sie auf, machten neugierig auf den Glauben und ernteten Respekt. Wie eine Stadt auf dem Berg nicht verborgen bleiben kann (vgl. Mt 5,14), kann ein solches gemeinschaftliches Leben in der Gesellschaft nicht verborgen bleiben. Das Auffällige aller christlichen Gemeinden der Frühzeit war, dass soziale Unterschiede in ihnen, wenn nicht aufgehoben waren, dann doch zumindest keine große Rolle mehr spielten. Herr und Sklave teilten Brot und Wein miteinander. Das war einerseits unerhört provozierend, andererseits löste es Nachdenken und wohl auch Sehnsucht nach liebevoller Gemeinschaft aus. Die Gemeinden waren so in gewisser Weise „heilende Gemeinschaften" und damit attraktiv für Außenstehende. Wir Heutigen in einer demokratischen Gesellschaft, die von der Gleichheit aller ausgeht, können das vielleicht nicht mehr richtig verstehen.

Gemeinde als heilende Gemeinschaft – ein schöner Gedanke und ein erstrebenswertes Ziel, auch bei uns! Gott will gewiss auch heute viele Menschen retten.

3

# Mitarbeiter gesucht!

APOSTELGESCHICHTE 6,1-7

***Einstieg***
*15–20 Minuten*
*Wählen Sie bitte eine oder zwei Fragen aus.*

1. Haben Sie in letzter Zeit in der Fülle Ihrer Aufgaben etwas liegen lassen oder vielleicht sogar die Sorgen eines Menschen übersehen?

2. Gibt es Ungerechtigkeiten in Ihrem Umfeld oder auf der Welt, die Sie „auf die Palme" bringen? Was können Sie dagegen tun?

3. Was für Rollen und Aufgaben übernehmen Sie – in der Familie, im Freundeskreis, bei der Ausbildung, im Job, in der Gemeinde? Fühlen Sie sich dabei am richtigen Platz?

4. Wissen Sie, ob Ihre Gemeinde genügend MitarbeiterInnen hat?

**Die Berufung der Diakone**

1 In dieser Zeit wuchs die Gemeinde rasch. Dabei kam es zu Schwierig-
keiten zwischen den Juden, die griechisch sprachen, und denen mit heb-
räischer Muttersprache. Die griechischen Juden beklagten sich darüber,
dass ihre Witwen bei der täglichen Versorgung benachteiligt würden.
2 Deshalb riefen die zwölf Apostel die ganze Gemeinde zusammen. „Es
ist nicht richtig", sagten sie, „dass wir Lebensmittel verteilen müssen,
statt Gottes Botschaft zu verkünden. 3 Darum, liebe Brüder und Schwes-
tern, sucht in der Gemeinde nach sieben Männern mit gutem Ruf, die
ihr Leben ganz vom Heiligen Geist bestimmen lassen und wissen, was zu
tun ist. Sie sollen diese Aufgabe übernehmen. 4 Wir selbst aber wollen
nach wie vor alle Zeit dafür einsetzen, zu beten und Gottes Botschaft zu
verkünden." 5 Mit diesem Vorschlag waren alle einverstanden. Zuerst
wählten sie Stephanus, einen Mann mit festem Glauben und erfüllt mit
dem Heiligen Geist; danach Philippus, Prochorus, Nikanor, Timon, Par-
menas und Nikolaus von Antiochia; er war früher einmal zum jüdischen
Glauben übergetreten. 6 Diese sieben Männer wurden vor die Apostel
gestellt, die für sie beteten und ihnen segnend die Hände auflegten.
7 Die Botschaft Gottes aber wurde immer mehr Menschen verkündet.
Vor allem in Jerusalem wuchs die Zahl der Gläubigen ständig. Unter
ihnen waren viele jüdische Priester, die zum Glauben an Jesus gefunden
hatten.

### *Bibelgespräch*
*30–45 Minuten*
*Wählen Sie ggf. unter den Fragen aus.*

1. Welchem Problem muss die junge Gemeinde begegnen? Welche Gefahr hätte bestanden, wenn sie es nicht behandelt hätte?

2. Hätten Sie deswegen gleich eine Gemeindevollversammlung einberufen? Warum tun das die Apostel?

3. Was können wir uns vom Vorgehen der Apostel abgucken?

4. Wie wichtig ist es, dass die richtigen Leute am richtigen Platz sind?

5. Welche Eigenschaften sollen die neuen Mitarbeiter haben?

### *Austausch und Gebet*
*15–30 Minuten*

*Wählen Sie ggf. unter den Fragen aus. Sie können das Gespräch mit einem gemeinsamen Gebet abschließen, in dem Sie auf mögliche Fragen und Anliegen Bezug nehmen, die im Gespräch deutlich geworden sind. Fragen, die nicht in der Gruppe thematisiert werden, können Ihnen auch als Anstoß dienen, zu Hause den Text vertiefend zu betrachten.*

1. Haben Sie sich auch schon einmal benachteiligt gefühlt? Wie haben Sie darauf reagiert?

2. Den Aposteln ist das Gebet für die Gemeinde sehr wichtig. Warum wohl? Welchen Stellenwert hat es bei Ihnen?

3. Haben Sie schon Erfahrungen damit gemacht, wenn es in einer Gemeinde unterschiedliche Gruppen gibt? Hat sich das positiv oder negativ ausgewirkt?

4. Sammeln Sie konkrete Gebetsanliegen und beten Sie für Ihre Gemeinde(n).

# Erläuterungen

**Zusammenfassung:** Wer noch den letzten Text im Hinterkopf hat, könnte meinen, die Jerusalemer Urgemeinde sei geradezu eine „ideale" Gemeinde gewesen. Aber wo Menschen zusammen leben und arbeiten, gibt es immer Konflikte. Christen sind auch keine „idealen", fehlerfreien Menschen – so wenig wie andere. Probleme und nicht zuletzt die Sünde lauern überall (vgl. Hebr 12,1). Entscheidend und eine Bewährung für den Glauben ist die Frage, *wie* man Konflikte löst. Repariert man irgendwie daran herum oder findet man tragfähige Lösungen, die auch zukunftstauglich sind? Lösungen, die den Heiligen Geist in seinem Wirken nicht behindern und die den Verantwortlichen nicht noch mehr Arbeit aufhalsen? Von einem Konflikt und seiner Lösung erzählt dieser Text.

**6,1. In dieser Zeit wuchs die Gemeinde rasch. Dabei kam es zu Schwierigkeiten zwischen den Juden, die griechisch sprachen, und denen mit hebräischer Muttersprache. Die griechischen Juden beklagten sich darüber, dass ihre Witwen bei der täglichen Versorgung benachteiligt würden.** Wir lernen hier etwas sehr Wichtiges: Es gab in Jerusalem *zwei* judenchristliche Gruppen, nämlich die Alteingesessenen und die zurückgekehrten Auslandsjuden, die immer noch griechisch sprachen. Das wird uns noch sehr beschäftigen, denn längerfristig waren die „Hellenisten" für die Ausbreitung des Christentums die weitaus wichtigere Gruppe. (Auch Paulus ist ja ein griechisch sprechender Auslandsjude.) Was wir außerdem noch lernen: Auch in einer so „anständigen" Gemeinde wie der in Jerusalem menschelt es. Wer irgendwann einmal von außen kommt, hat es bei den „Eingeborenen" nicht ganz leicht. Das ist heute noch so.

**6,2-4. Deshalb riefen die zwölf Apostel die ganze Gemeinde zusammen. … „Wir selbst aber wollen nach wie vor alle Zeit dafür einsetzen, zu beten und Gottes Botschaft zu verkündigen."** Eine Gemeindeversammlung soll das Problem lösen. Den Aposteln ist es wichtig, dass sie sich nicht verzetteln, sondern bei ihrer Berufung bleiben können. Nicht jeder kann seine Berufung zum Beruf machen, da baut das Leben manchmal Hindernisse auf; aber wenigstens in der Gemeinde sollte jeder seine Berufung leben.

**6,5. Mit diesem Vorschlag waren alle einverstanden.** Der Vorschlag ist vernünftig, und er ist geistlich. Zum einen entlastet er die Apostel. Sie müssen nicht mehr tun als vorher und laufen so nicht Gefahr, überlastet zu werden. (Es ist traurig und kein gutes Zeichen, dass auch in unseren Gemeinden und Kirchen viele Menschen unter Burnout leiden!) Zum anderen ist er geistlich, weil die Apostel so ihrer Berufung treu bleiben können. Sie waren ja die Augenzeugen Jesu! Sie sind also die Träger und Übermittler der Tradition. Sie haben drei Jahre lang mit Jesus gelebt und sich von ihm in seiner Nachfolge schulen lassen. Sie haben darum die Aufgabe, zu lehren und andere Mitarbeiter zu schulen. Wer, wenn nicht sie, sollte diese Aufgabe übernehmen?

**6,5-6. Zuerst wählten sie Stephanus, einen Mann mit festem Glauben und erfüllt mit dem Heiligen Geist; danach Philippus, Prochorus, Nikanor, Timon, Parmenas und Nikolaus von Antiochia; er war früher einmal zum jüdischen Glauben übergetreten. Diese sieben Männer wurden vor die Apostel gestellt, die für sie beteten und ihnen segnend die Hände auflegten.** Bezeichnend ist, dass die Namen der neu gewählten „Diakone" alle griechischer Herkunft sind. Nur Philippus und Nikanor waren in Israel häufigere Namen. Die Gruppe der griechisch sprechenden Gemeindeglieder sollte also von ihresgleichen betreut werden. Braucht man dazu aber gleich sieben Leute? Wir können vermuten, dass die „Hellenisten" in der Jerusalemer Gemeinde zwar eine feste Gruppe bildeten, aber ohne eigene Leitung waren. Mit der Wahl der sieben Diakone haben jetzt die Hellenisten wie auch die Apostel eine verantwortliche Gruppe von Ansprechpartnern. Das weitere Wirken dieser Leute (siehe unten) legt diese Vermutung nahe. Auch das gehört zu einem gesunden geistlichen Gemeindeleben: Wer einen Dienst übernimmt – egal, ob groß oder klein – wird dafür gesegnet. Die Gemeinde muss ihre Mitarbeiter kennen, und mit der Segnung *anerkennt* sie zugleich diese Leute als Verantwortliche. Mit der Segnung wird ihr Dienst Gott anbefohlen, denn „ohne mich könnt ihr nichts ausrichten" (Joh 15,5).

**6,7. Die Botschaft Gottes aber wurde immer mehr Menschen verkündet. Vor allem in Jerusalem wuchs die Zahl der Gläubigen ständig. Unter ihnen waren viele jüdische Priester, die zum Glauben an Jesus gefunden hatten.** Wo sich eine Gemeinde vom Heiligen Geist führen lässt, erfährt sie auch Segen und Stärkung! Das erleben die ersten Christen. Doch das Wachstum einer Gemeinde hängt auch von der Zahl der Mitarbeiter ab. Wo sich Menschen in den Dienst nehmen lassen, kann der Heilige Geist wirken. Leider gilt auch die Umkehrung des Satzes: Ohne Mitarbeiter kein Wachstum. Der Heilige Geist will *mit* den Menschen arbeiten. Er ist nicht der Lückenbüßer für menschliche Faulheit, um es einmal sehr deutlich zu sagen.
Interessant ist, dass auch Priester zum Glauben kamen. Traditionell gehörten sie nämlich zur Gruppe der Sadduzäer, die nicht an die Auferstehung der Toten glaubten (vgl. Mk 12,18).

**Weiterführung:** Ein kleiner Abschnitt, der mit einem Problem beginnt und mit einer Lösung endet. So weit, so gut. War das alles? Auch wenn die nun folgenden Kapitel der Apostelgeschichte hier aus Platzgründen nicht behandelt werden können, soll noch auf einige Dinge aufmerksam gemacht werden.

Was Lukas im Folgenden über diese griechisch sprechenden Diakone berichtet, ist nicht stille Sozialarbeit unter Witwen. Stephanus und Philippus erweisen sich als kluge und streitbare Theologen und gesegnete Evangelisten. Philippus erweitert das Missionsgebiet ausgerechnet in das unter frommen Juden gemiedene Samaria. Dass er damit recht getan hat, bestätigt der Heilige Geist, als Petrus nach Samarien reist (Apg 8,14-17).

Aufgrund der Tätigkeit des Stephanus und der „Hellenisten“ bricht eine Verfolgung in Jerusalem aus, die – so scheint es – auch nur die griechisch sprechenden Judenchristen betrifft (Apg 8,1). Petrus und die anderen elf Apostel bleiben in der Stadt. Bei anderer Gelegenheit hat sich Petrus durchaus in Sicherheit gebracht (Apg 12,17). Die Verfolger unterscheiden also! Dass ausgerechnet diese Verfolgung Segen brachte, werden wir noch sehen, wenn wir einen Abschnitt aus Apg 11 behandeln.

Wer immer unter seinesgleichen lebt, wird wohl nur selten herausgefordert werden zu erklären, was er glaubt, warum er so und nicht anders glaubt, denkt und handelt. Wer dagegen in der Fremde lebt, muss sich mit seiner Umgebung auseinandersetzen, wird befragt, muss vielleicht in seinem Lebensstil Kompromisse eingehen, kurzum: Er steht in einem lebendigen Prozess geistiger Auseinandersetzung. So erging es den Juden, die irgendwo in den Städten des Römischen Reichs lebten. Vor allem die strengen jüdischen Reinheitsvorschriften erschwerten den Kontakt zu Nichtjuden. Die hellenistischen Juden mussten hier Möglichkeiten finden, in einer heidnischen Umgebung zu leben. Das machte sie fähig(er), das Evangelium den Heiden zu verkünden. Ihre Scheu, auf Heiden zuzugehen, war geringer, und sie kannten auch die Denkweise der Nichtjuden besser. Die Weltmission, deren Anfänge Lukas in der Apostelgeschichte beschreibt, geht auf die hellenistischen Judenchristen zurück!

# 4 Kehrtwende eines Lebens

## Apostelgeschichte 9,1-19

***Einstieg***
*15–20 Minuten*
*Wählen Sie bitte eine oder zwei Fragen aus.*

1. Kennen Sie die Redewendung „vom Saulus zum Paulus“? Wissen Sie, was damit gemeint ist?

2. Kennen Sie Menschen mit einer radikalen Lebenswende? Erzählen Sie davon!

3. Haben Sie wegen Ihres Christseins schon mal Nachteile erfahren?

4. Hat Ihnen schon einmal ein Mitmensch in einer Sache „die Augen geöffnet“?

### Paulus begegnet dem lebendigen Christus

[1] Saulus verfolgte noch immer mit grenzenlosem Hass alle, die an den
Herrn glaubten, und drohte ihnen an, sie hinrichten zu lassen. [2] Er ging
zum Hohenpriester und ließ sich von ihm Briefe für die jüdischen Ge-
meinden in Damaskus mitgeben. Sie ermächtigten ihn, auch in diesem
Gebiet die Gläubigen aufzuspüren und sie – ganz gleich, ob Männer oder
Frauen – als Gefangene nach Jerusalem zu bringen.
[3] Kurz vor Damaskus umgab Saulus plötzlich ein blendendes Licht vom
Himmel. [4] Er stürzte zu Boden und hörte eine Stimme: „Saul, Saul, wa-
rum verfolgst du mich?“ [5] „Wer bist du, Herr?“, fragte Saulus. „Ich bin
Jesus, den du verfolgst!“, antwortete die Stimme. [6] „Steh auf und geh in
die Stadt. Dort wird man dir sagen, was du tun sollst.“ [7] Die Begleiter des
Saulus standen sprachlos da, denn sie hatten zwar die Stimme gehört,
aber niemanden gesehen. [8] Als Saulus aufstand und die Augen öffnete,
konnte er nicht mehr sehen. Da nahmen sie ihn an der Hand und führ-
ten ihn nach Damaskus. [9] Drei Tage lang war er blind und wollte weder
essen noch trinken.
[10] In Damaskus wohnte ein Jünger Jesu, der Hananias hieß. Dem er-
schien der Herr in einer Vision. „Hananias“, sagte er zu ihm. „Ja, Herr,
hier bin ich“, erwiderte der Mann. [11] Der Herr forderte ihn auf: „Geh zur
Geraden Straße in das Haus des Judas, und frag dort nach einem Saulus
von Tarsus. Er betet gerade [12] und hat in einer Vision einen Mann gese-
hen, der Hananias heißt. Dieser kam zu ihm und legte ihm die Hände

auf, damit er wieder sehen kann.“ 13 „Aber Herr“, wandte Hananias ein,
„ich habe schon von so vielen gehört, wie grausam dieser Saulus deine
Gemeinde in Jerusalem verfolgt. 14 Außerdem haben wir erfahren, dass er
eine Vollmacht der Hohenpriester hat, auch hier alle gefangen zu neh-
men, die an dich glauben.“ 15 Doch der Herr sprach zu Hananias: „Geh
nur! Ich habe diesen Mann dazu auserwählt, mich bei allen Völkern und
Herrschern der Erde, aber auch bei den Israeliten bekannt zu machen.
16 Dabei wird er erfahren, wie viel er um meinetwillen leiden muss.“
17 Hananias gehorchte. Er ging in das Haus des Judas, fand dort Saulus
und legte ihm die Hände auf. „Lieber Bruder Saulus“, sagte er, „Jesus, der
Herr, der dir unterwegs erschienen ist, hat mich zu dir geschickt, damit
du mit dem Heiligen Geist erfüllt wirst und wieder sehen kannst.“ 18 Im
selben Moment fiel es Saulus wie Schuppen von den Augen, und er
konnte wieder sehen. Er stand auf und ließ sich taufen. 19 Nachdem er
gegessen hatte, erholte er sich schnell.

***Bibelgespräch***
*30–45 Minuten*
*Wählen Sie ggf. unter den Fragen aus.*

1. Was denken Sie: Ist Saulus es wert, ein Apostel des Herrn zu sein?
2. Untersuchen Sie, wie der Heilige Geist in dieser Geschichte Regie führt.
3. Gott redet in dieser Geschichte auch mit Hananias sehr unmittelbar. Wie geht es Ihnen, wenn Sie das lesen?
4. Haben Sie Gott selbst schon reden hören? Auf welche Weise?

***Austausch und Gebet***
*15–30 Minuten*

*Wählen Sie ggf. unter den Fragen aus. Sie können das Gespräch mit einem gemeinsamen Gebet abschließen, in dem Sie auf mögliche Fragen und Anliegen Bezug nehmen, die im Gespräch deutlich geworden sind. Fragen, die nicht in der Gruppe thematisiert werden, können Ihnen auch als Anstoß dienen, zu Hause den Text vertiefend zu betrachten.*

1. Haben Sie schon mal von verfolgten Christen gehört oder gelesen? Beten Sie für sie! Es gibt viele.
2. Denken Sie, dass es richtig ist, auch für die Verfolger zu beten (vgl. Mt 5,44)?
3. Glauben Sie, dass Gott Menschen so umkrempeln kann, wie er es bei Paulus getan hat? Was würde das für uns heute bedeuten?
4. Paulus erlebt überwältigend Gottes Gnade. Wo erleben Sie seine Gnade?

## *Erläuterungen*

**Zusammenfassung:** Die Geschichte von Paulus' Bekehrung und Berufung zum Apostel ist Lukas so wichtig, dass er sie gleich dreimal erzählt (Apg 9; 22; 26). In der Tat wurde Paulus der wichtigste Missionar der frühen Christenheit. Hellenistische Weltläufigkeit und eine gründliche pharisäisch-rabbinische Ausbildung in Jerusalem kamen bei ihm zusammen. Keiner hat gründlicher als er über die Beziehung zwischen dem Glauben an Jesus Christus und dem Verhältnis zur Thora (dem jüdischen Gesetz) nachgedacht. Paulus konnte seelsorgerlich-einfühlsam schreiben und beinhart seine Meinung gegenüber anderen vertreten. Wenn er in 1 Kor 15,10 von sich sagt, er habe mehr als die anderen gearbeitet, dann ist das keine Angeberei, sondern dürfte den Tatsachen entsprechen.

Wenn wir davon ausgehen, dass Jesus im Jahr 30 gekreuzigt wurde und auferstanden ist, dürfte Paulus' Bekehrung in den Zeitraum 31/32 fallen; sein Besuch in Jerusalem hat wohl um 33/34 stattgefunden. (Datierungsfragen gehören in der Bibelwissenschaft zu den schwierigsten Problemen. Ich verlasse mich hier auf die gründliche Habilitationsschrift von Prof. Rainer Riesner.)

Viele kennen sicher die Redensart, einer sei vom Saulus zum Paulus geworden, wenn jemand etwas Einschneidendes erlebt, das eine Richtungsänderung im weiteren Lebenswandel bewirkt. Hat Paulus tatsächlich seinen Namen geändert? Nein, wie alle Auslandsjuden (auch noch heute) hatte er zwei Namen, einen hebräischen, nämlich Scha'ul (Saul oder Saulus), und einen griechischen, nämlich Paulos (lat. Paulus), vgl. Apg 13,9. Mit der ersten Missionsreise, als Saulus endgültig heidnisches Gebiet bereist, benutzt Lukas nun in seinem Buch den hellenistischen, „internationalen" Namen Paulus.

**9,1. Saulus verfolgte noch immer mit grenzenlosem Hass alle, die an den Herrn glaubten.** Paulus sieht in den Christen eine Gefahr für das Judentum; nicht nur, weil er Jesus nicht als Messias anerkennt, sondern weil er auch weiß, dass messianische Strömungen in seinem Volk Unruhe stiften und damit die Römer auf den Plan rufen könnten. Er möchte die Feuer überall austreten, bevor ein Flächenbrand entsteht.

**9,3-6. Kurz vor Damaskus umgab Saulus plötzlich ein blendendes Licht vom Himmel. Er stürzte zu Boden und ...** Für Paulus *das* Erlebnis seines Lebens! Dass ihm der auferstandene Herr begegnet ist, macht Paulus – so 1 Kor 9,1 – zum Apostel. In 1 Kor 15,8 zählt er sich mit dieser Erscheinung noch zu den Auferstehungszeugen. Hier unterscheidet er sich theologisch von Lukas, für den die Ostererscheinungen mit der Himmelfahrt endgültig aufhören.

**9,8. Als Saulus aufstand und die Augen öffnete, konnte er nicht mehr sehen.** Paulus ist blind, zunächst einmal nicht nur physisch. Das Geschehen muss für ihn ein ungeheuerlicher Schock gewesen sein. Noch versteht er fast nichts. Er fastet, um das Erlebte zu verarbeiten. Die Zeit der Blindheit wird für ihn zur Vorbereitung für Gottes Handeln. Vgl. Lk 1,20, wo Zacharias, der Vater Johannes' des Täufers, stumm wird, bis sich Gottes Verheißung erfüllt und Zacharias das entscheidende Wort sagen kann (Verse 63+64).

**9,10-15. In Damaskus wohnte ein Jünger Jesu, der Hananias hieß. Dem erschien der Herr in einer Vision. „Hananias", sagte er zu ihm. „Ja, Herr, hier bin ich", erwiderte der Mann. Der Herr forderte ihn auf: „Geh zur Geraden Straße in das Haus des Judas, und frag dort nach einem Saulus von Tarsus. ..." „Aber Herr", wandte Hananias ein, „ich habe schon von so vielen gehört, wie grausam dieser Saulus deine Gemeinde in Jerusalem verfolgt. ..." Doch der Herr sprach zu Hananias: „Geh nur! Ich habe diesen Mann dazu auserwählt, mich bei allen Völkern und Herrschern der Erde, aber auch bei den Israeliten bekannt zu machen."** Die Regie des Heiligen Geistes ist hinreißend! Alles ist vorbereitet. – Es gibt heute viele Menschen, die sich nicht vorstellen können, dass Gott im Gebet zu einem Menschen derart konkret reden kann, wie es Hananias hier erlebt. Und doch ist es schon vielen so geschehen. Unsere überdrehte, laute Zeit muss wieder lernen, die meist leise Stimme Gottes zu hören. Beten ist einfach, jeder kann es tun. Je mehr wir uns dem Gebet hingeben, desto tiefer werden unsere Erfahrungen damit.

Was manche Menschen vergessen: Zum Beten gehört auch die Zeit des Schweigens und Hörens (so wie auch in jedem vernünftigen Gespräch unter Menschen). Gott kann in unsere Gedanken hineinsprechen. Er hat aber auch andere Mittel, um uns zu antworten. Das können andere Menschen sein, ein Bibeltext, ein Lied ...

**9,13. „Aber Herr", wandte Hananias ein, „ich habe schon von so vielen gehört, wie grausam dieser Saulus deine Gemeinde in Jerusalem verfolgt."** Was Hananias da von Gott hört, übersteigt zunächst sein Fassungsvermögen. Wer wollte ihn dafür schelten? Es wäre uns wohl kaum anders gegangen. Und doch! Könnte es sein, dass wir im Allgemeinen zu kleingläubig sind? Könnte es nicht eine Herausforderung sein, gerade für die Bekehrung derer zu beten, denen wir eine Änderung nicht zutrauen? Beten heißt, mit Gottes Möglichkeiten zu rechnen!

**9,16. Dabei wird er erfahren, wie viel er um meinetwillen leiden muss.** Auch das gehört zu den Erfahrungen mit

Gott! Wie viel Schweres Paulus als Apostel erleben musste, erzählt er am ausführlichsten im 2. Korintherbrief. Jesus hatte den Jüngern immer wieder gesagt, dass sie in seiner Nachfolge mit Leiden rechnen müssen. Paulus wusste das, Lukas hat das nie vergessen, auch uns muss es bewusst sein. Die Kirche Jesu hat Anteil an seinem Kampf gegen das Böse. Darum wird sie angegriffen. Wir brauchen uns nicht zu fürchten. Jesus hat den Tod überwunden. Aber noch wächst das Reich Gottes nur unter Widerstand.

# 5 Mauern fallen

## Apostelgeschichte 10 in Auszügen

*Einstieg*
*15–20 Minuten*
*Wählen Sie bitte eine oder zwei Fragen aus.*

1. Haben Sie Kontakt mit Juden? Gibt es Dinge zu beachten, wenn Sie einen Juden zu sich nach Hause einladen?

2. Haben Sie schon erlebt, dass Sie bei einem Besuch schrecklich befangen waren? Warum? Erzählen Sie den anderen davon!

3. Hand aufs Herz! Wie geht es Ihnen, wenn Sie mit Ausländern sprechen?

4. Haben Sie (vielleicht als Kind) schon Sätze gehört, die so anfangen: „Als Christ darf man nicht ...“? Wie denken Sie heute darüber?

### Petrus’ überraschende Begegnung mit einem römischen Hauptmann

1 In Cäsarea lebte damals ein römischer Hauptmann, der Kornelius hieß
und das Italienische Regiment führte. 2 Er war ein Mann, der Gott ehrte
und sich mit allen, die in seinem Haus lebten, zu ihm bekannte. Er tat
viel für die Armen und betete regelmäßig zu Gott. 3 Dieser Mann hatte
gegen drei Uhr nachmittags eine Vision. Er sah deutlich, wie ein Engel
Gottes bei ihm eintrat. „Kornelius!“, rief der Engel. 4 Erschrocken sah
Kornelius auf und fragte: „Was willst du, Herr?“ Da antwortete ihm der
Engel: „Gott hat deine Gebete gehört und kennt deine guten Taten.
5/6 Deshalb schick ein paar Leute nach Joppe. Sie sollen sich dort nach
einem Simon Petrus erkundigen, der am Meer im Haus des Gerbers Si-
mon wohnt. Dieser Simon Petrus soll zu dir kommen!“ 7 Gleich nach-
dem der Engel gegangen war, rief Kornelius zwei seiner Diener zu sich,
außerdem einen Soldaten, der wie Kornelius dem jüdischen Glauben
nahestand und zu seinem persönlichen Schutz eingesetzt war. 8 Ihnen
berichtete er alles und sandte sie nach Joppe.
9 Als sich die Boten am folgenden Tag schon der Stadt Joppe näherten,
stieg Petrus auf das flache Dach des Hauses, um dort ungestört zu beten.
Es war gerade um die Mittagszeit, 10 und Petrus hatte Hunger. Während
man sein Essen zubereitete, hatte er eine Vision: 11 Petrus sah etwas vom
Himmel herabkommen. Es sah aus wie ein großes Leinentuch, das – an
seinen vier Ecken zusammengehalten – auf die Erde heruntergelassen
wurde. 12 In dem Tuch waren alle möglichen Arten von vierfüßigen Tie-
ren und Kriechtieren, aber auch von Vögeln. Alle diese Tiere sind für

Juden „unrein“ und dürfen deshalb nicht gegessen werden. 13 Dann hör-
te Petrus eine Stimme, die ihn aufforderte: „Petrus, steh auf, schlachte
diese Tiere und iss davon!“ 14 „Niemals, Herr!“, entgegnete Petrus. „Noch
nie in meinem Leben habe ich etwas Unreines oder Verbotenes geges-
sen.“ 15 Da rief die Stimme zum zweiten Mal: „Wenn Gott etwas für rein
erklärt, dann nenne du es nicht unrein.“ 16 Das geschah dreimal. Dann
wurde das Tuch wieder in den Himmel gehoben. 17 Petrus verstand nicht,
was diese Erscheinung bedeuten sollte. Aber während er noch überlegte,
klopften die Boten des Kornelius an die Haustür. 18 „Wohnt hier ein
Mann, der Simon Petrus heißt?“, erkundigten sie sich.

Während Petrus noch überlegt, ermutigt ihn der Heilige Geist, mit den Männern zu gehen, „denn ich habe sie gesandt“. Sie berichten Petrus von ihrem Auftrag. Am nächsten Tag machen sie sich gemeinsam auf den Weg, begleitet von einigen Gemeindemitgliedern aus Joppe. Kornelius empfängt die Delegation respektvoll und führt sie ins Haus, wo schon viele auf sie warten. Petrus sagt, dass es ihm als Juden eigentlich verboten sei, das Haus eines Heiden zu betreten, aber Gott habe ihm gezeigt, dass er niemanden für unrein halten und ihm die Gemeinschaft verweigern dürfe. Nun berichtet ihm Kornelius von seiner Vision.

34 Da begann Petrus zu sprechen: „Jetzt erst habe ich richtig verstanden,
dass Gott niemanden wegen seiner Herkunft bevorzugt oder benachtei-
ligt. 35 Alle Menschen sind ihm willkommen, ganz gleich, aus welchem
Volk sie stammen, wenn sie nur Ehrfurcht vor ihm haben und so leben,
wie es ihm gefällt. 36 Ihr kennt die Friedensbotschaft Gottes, die er dem
Volk Israel durch Jesus Christus mitgeteilt hat, und er ist ja der Herr über
alle.“

Petrus predigt nun über Jesus Christus, seine Taten in Israel und über seinen Tod und Auferstehung. Das sei schon von den Propheten vorhergesagt.

44 Petrus hatte seine Rede noch nicht beendet, da wurden alle, die zuhör-
ten, mit dem Heiligen Geist erfüllt. 45 Die Juden aus der Gemeinde in
Joppe, die mit Petrus gekommen waren, konnten es kaum fassen, dass
Gott auch Nichtjuden den Heiligen Geist schenkte. 46 Denn sie hörten,
wie die Menschen in fremden Sprachen redeten und Gott lobten. Petrus
aber sagte: 47 „Wer könnte ihnen jetzt noch die Taufe verweigern, wo sie
genau wie wir den Heiligen Geist empfangen haben?“ 48 Und er ließ alle
auf den Namen Jesu Christi taufen. Danach baten sie Petrus, er möge
noch einige Tage bei ihnen bleiben.

**Bibelgespräch**
*30–45 Minuten*
*Wählen Sie ggf. unter den Fragen aus.*

1. Wie bereitet Gott die handelnden Personen vor?

2. Lesen Sie die Verse 34 und 35 sorgfältig und überlegen Sie, ob Paulus das genauso gesagt hätte (vgl. Röm 3,9-18).

3. Angenommen, Gott hätte Petrus nicht diese Vision gegeben, sondern nur gesagt: „Gehe zu Kornelius!“ Wie hätte die Geschichte dann weitergehen können?

4. Muss nur Petrus eine Grenze überwinden? Was riskiert Kornelius? (Der Mann ist Besatzungsoffizier!)

5. Erinnern Sie sich noch einmal an das Sprachenwunder von Pfingsten und vergleichen Sie das mit dieser Geschichte, in der zwei Kulturen aufeinanderstoßen. Was ist Gottes Absicht?

**Austausch und Gebet**
*15–30 Minuten*

*Wählen Sie ggf. unter den Fragen aus. Sie können das Gespräch mit einem gemeinsamen Gebet abschließen, in dem Sie auf mögliche Fragen und Anliegen Bezug nehmen, die im Gespräch deutlich geworden sind. Fragen, die nicht in der Gruppe thematisiert werden, können Ihnen auch als Anstoß dienen, zu Hause den Text vertiefend zu betrachten.*

1. Kennen Sie Menschen in Ihrer Nähe, die Gott suchen und sich für den Glauben interessieren?

2. Fällt es Ihnen leicht, mit anderen Menschen über den Glauben zu sprechen?

3. Gibt es Leute oder Personengruppen, zu denen Sie auch nicht ohne Weiteres gehen würden?

4. Sammeln Sie Namen von Nichtchristen, die Ihnen besonders am Herzen liegen. Beten Sie gemeinsam dafür, dass Vorurteile abgebaut werden können und Offenheit für den Glauben entsteht.

## *Erläuterungen*

**Zusammenfassung:** Die Geschichte von Petrus und dem römischen Hauptmann Kornelius ist eine der schönsten und zugleich wichtigsten Geschichten, die Lukas erzählt. Wenn man im Kapitel 11 noch Petrus' Rechtfertigungsrede in Jerusalem dazuzählt, ist sie sogar eine der längsten Geschichten. (Nur der Bericht von Paulus' Gefangenschaft ist länger.) Ihre Länge unterstreicht ihre Bedeutung. In dieser Geschichte wird eine Grenze überschritten, nein – *die* Grenze überhaupt. Bisher blieb das Evangelium unter Juden. Auch die Samaritaner, von den Juden mit Argwohn betrachtet, hatten doch jüdische Wurzeln, und der äthiopische Finanzminister gehörte zu den äthiopischen Juden (Apg 8,26ff). Jetzt wird die Grenze zu den Heiden überschritten! Dass dies alles andere als selbstverständlich war, zeigt diese Geschichte. Sie ist eine Bekehrungsgeschichte – und zwar die von Petrus! Stattgefunden haben dürfte sie im Jahr 41. Hier stoßen zwei Kulturen aufeinander. Das heißt: Nein, sie stoßen gerade nicht aufeinander, sondern begegnen einander mit Staunen, Respekt und am Ende mit Liebe. Ohne Gottes Vorbereitung wäre das nicht möglich gewesen. Ein römischer Besatzungsoffizier und ein jüdischer „Sektierer". Wenn nicht schon die zwei Hauptpersonen eine „heiße" Kombination sind!

**10,2. Er war ein Mann, der Gott ehrte und sich mit allen, die in seinem Haus lebten, zu ihm bekannte. ...** Es gab in der Antike Menschen, die die jüdische Vorstellung von einem unsichtbaren Gott sehr überzeugend fanden; auch sprach sie die jüdische Ethik an. Sie traten allerdings nicht mit allen Konsequenzen zum Judentum über. Das hätte ihren Umgang mit anderen Menschen aufgrund der jüdischen Gesetze sehr erschwert (vgl. Apg 10,28). Auch ist das Judentum *keine* missionarische Religion und legt auf Übertritte keinen Wert.
Solche am jüdischen Glauben Interessierte nannte man „Gottesfürchtige", und sie waren im Umfeld von Synagogengemeinden zu finden. Zusammen mit seiner Familie und seinen Bediensteten gehörte Kornelius zu dieser Gruppe.

**10,3. Dieser Mann hatte gegen drei Uhr nachmittags eine Vision.** Kornelius hält sich sogar an die jüdischen Gebetszeiten, es ist die Zeit des *Mincha*-Gebetes, also des Nachmittagsgebets.
Was ist eine Vision? Wir verstehen darunter ein „inneres Schauen", ein Sehen mit dem inneren Auge. Das kann in der Intensität sehr unterschiedlich sein. Es kann so weit gehen, dass für den Visionär die Grenze zwischen Innen- und Außenwelt aufgehoben erscheint.

**10,5+6. „Deshalb schick ein paar Leute nach Joppe."** Es ist herrlich zu lesen, wie Gott alles vorbereitet, auch wenn Kornelius im Augenblick noch gar nichts versteht. Immerhin – Kornelius gehorcht sofort. Wahrscheinlich ist der Eindruck von der Vision so stark. Doch vergessen wir nicht, dass Kornelius ein geübter Beter ist. Er scheint keinen Augenblick an dieser Vision zu zweifeln. Manchmal fordert Gott auch uns auf, Dinge zu tun, die wir nicht sofort verstehen. – Joppe heißt heute übrigens Jaffa und ist ein Teil der israelischen Stadt Tel Aviv.

**10,9. Als sich die Boten am folgenden Tag schon der Stadt Joppe näherten, stieg Petrus auf das flache Dach des Hauses, um dort ungestört zu beten.** Auch Petrus ist im Moment noch völlig ahnungslos, als er seinem Gastgeber buchstäblich „aufs Dach steigt", um zu beten. Damit beginnt der zweite Teil der göttlichen Vorbereitung.
Sich zum Gebet zurückzuziehen, hat Petrus von seinem Meister Jesus gelernt. Das Gebet in der Gemeinschaft hat sein Recht, aber es kann die ganz persönliche Zeit mit Gott in der Stille nicht ersetzen. Gott liebt uns, und Liebende sollten sich Zeit füreinander nehmen.

**10,11-16. Petrus sah etwas vom Himmel herabkommen ...** Es ist keine Übertreibung, wenn wir sagen, dass diese Vision für Petrus ein Schock gewesen sein muss. Vielleicht hat er sogar einen Augenblick lang daran gezweifelt, dass sie von Gott kommt. Unreine Tiere essen – allein die Vorstellung lässt den rechtschaffenen Petrus erschauern.
Aber warum ein Schock? Jesus hatte den Jüngern doch gesagt, sie würden seine Zeugen sein „bis an die Enden der Erde" (Apg 1,8). Warum war (besonders für die palästinischen) Judenchristen die Heidenmission so unvorstellbar? Man muss sich in diese Menschen hineindenken. Sie alle hatten ihr Leben lang ganz selbstverständlich als Juden gelebt. Auch Jesus war ja, wie Paulus so schön sagt, „den Forderungen des Gesetzes unterstellt" (Gal 4,4). Seine Anhänger bezeichneten ihn als Messias Israels, eine urjüdische Vorstellung. Nirgendwo im Alten Testament wird gesagt, dass mit dem Kommen des Messias die Thora außer Kraft gesetzt wird. Im Gegenteil! Sie kannten von Jes 2,2-3 und Mi 4,1-2 den Gedanken, dass dereinst die Völker zum Zion wallfahren, weil von dort *Thora,* also Weisung, Gesetz ausgeht. Die Richtung war dort also umgekehrt: *von den Heiden zu den Juden,* damit sich alle dem Gott Israels unterstellen können. Die Urgemeinde wusste sich zu Israel gehörend, als Kristallisationskern prophetischer Erwartungen für Israel. – Wir müssen verstehen, dass diese erste Generation von Christen eine andere Sicht auf die Dinge hatte als wir heute nach 2000 Jahren Christentumsgeschichte.
Nachdem sich Petrus und Kornelius ihre Geschichte erzählt haben, wird beiden die göttliche Führung deutlich. Vor allem Petrus fängt an zu verstehen.

**10,34-35. Da begann Petrus zu sprechen: „Jetzt erst habe ich richtig verstanden, dass Gott niemanden wegen seiner Herkunft bevorzugt oder benachteiligt. Alle Menschen sind ihm willkommen, ganz gleich, aus welchem Volk sie stammen, wenn sie nur Ehrfurcht vor ihm haben und so leben, wie es ihm gefällt.“** Petrus hat seine Lektion gelernt: hingehen zu allen, die bereit sind zuzuhören, egal ob Jude oder Heide. Er fängt an, Kornelius und seinen Freunden von Jesus zu erzählen.

**10,44. Petrus hatte seine Rede noch nicht beendet, da wurden alle, die zuhörten, mit dem Heiligen Geist erfüllt.** Noch einmal führt der Heilige Geist Regie, indem er auf die Anwesenden fällt *vor* ihrer Taufe (vgl. dagegen Apg 2,38). Petrus kann ihnen die Taufe nicht verwehren.

Der Heilige Geist wirkt gewiss auf unterschiedliche Weise, aber immer öffnet er den Mund der Menschen zum Lob Gottes. Hier schenkt er dieser Hausgemeinde auch die Sprachengabe, also das Reden in fremden Sprachen, was an das Pfingstfest erinnert.

Eine wunderschöne Geschichte, aber wir werden noch sehen, dass sich andere mit Petrus’ Erfahrung durchaus schwertun.

# 6 Bewegung in Antiochia

## Apostelgeschichte 11,19-30

***Einstieg***
*15–20 Minuten*
*Wählen Sie bitte eine oder zwei Fragen aus.*

1. Kennen Sie Gemeinden, von denen eine gewisse Strahlkraft ausgeht und die nicht nur eine rein lokale Bedeutung haben?

2. Kennen Sie Menschen, von denen Sie den Eindruck haben, dass sie fürchterlich unterschätzt werden?

3. Oft hören oder lesen wir in unseren Nachrichten von Flüchtlingen. Können Sie sich vorstellen, dass Flüchtlinge Werkzeuge Gottes sind?

4. Wissen Sie, was „Vitamin B" ist? (Damit sind „nützliche Beziehungen" gemeint.) Haben Sie schon mal davon profitiert?

### Eine neue Gemeinde entsteht

19 Die Gläubigen, die wegen der beginnenden Verfolgung nach dem Tod
des Stephanus aus Jerusalem geflohen waren, kamen bis nach Phönizien,
Zypern und Antiochia. Sie erzählten aber nur den Juden von Jesus.
20 Lediglich ein paar Männer aus Zypern und Kyrene, die jetzt in Antio-
chia lebten, verkündeten auch den Griechen die rettende Botschaft von
Jesus, dem Herrn. 21 Der Herr aber war mit ihnen, und so begannen viele
Menschen dort an ihn zu glauben. 22 Als die Gemeinde in Jerusalem da-
von erfuhr, schickte sie Barnabas nach Antiochia. 23 Der kam in die Stadt
und erkannte voller Freude, was Gott getan hatte. Barnabas ermutigte die
Gläubigen, fest und entschlossen in ihrem Glauben an den Herrn zu
bleiben. 24 Er war ein vorbildlicher Mann, erfüllt vom Heiligen Geist und
stark im Glauben. So begannen damals viele Menschen Jesus, dem Herrn,
zu vertrauen. 25 Von Antiochia reiste Barnabas nach Tarsus, um Saulus
aufzusuchen. 26 Er traf ihn, und gemeinsam gingen sie nach Antiochia
zurück. Dort blieben beide ein ganzes Jahr, um viele Menschen im
Glauben zu unterweisen. In Antiochia wurden die Nachfolger Jesu auch
zum ersten Mal „Christen" genannt.
27 In diesen Tagen kamen Propheten aus Jerusalem nach Antiochia.
28 Während des Gottesdienstes sagte einer von ihnen – er hieß Agabus –
eine große Hungersnot voraus. Sie würde sich über die ganze Welt er-
strecken. So hatte es ihm der Heilige Geist gezeigt. Tatsächlich trat diese
Hungersnot während der Regierungszeit des Kaisers Klaudius ein.

[29] Deshalb beschloss die Gemeinde in Antiochia, den Christen in Judäa
zu helfen. Jeder in der Gemeinde gab, so viel er nur konnte, [30] und das
Geld wurde dann von Barnabas und Saulus den Leitern der Gemeinde in
Jerusalem überbracht.

## *Bibelgespräch*

*30–45 Minuten*
*Wählen Sie ggf. unter den Fragen aus.*

1. Die Jerusalemer Obrigkeit hatte die hellenistischen Judenchristen vertrieben. Welche Absicht verfolgte sie damit – und was ist daraus geworden?

2. Tragen Sie zusammen, was Sie in der Bibel über Barnabas finden können. Eine Wortkonkordanz hilft Ihnen dabei.

3. Wie würden Sie Barnabas' Rolle in der frühen Christenheit beschreiben?

4. Zwischen den Gemeinden besteht ein solidarischer Kontakt. Lesen Sie hierzu 1 Kor 12,25-27 und 2 Kor 9,6-15. Warum ist ein Opfer mehr als nur finanzielle Unterstützung?

## *Austausch und Gebet*

*15–30 Minuten*

*Wählen Sie ggf. unter den Fragen aus. Sie können das Gespräch mit einem gemeinsamen Gebet abschließen, in dem Sie auf mögliche Fragen und Anliegen Bezug nehmen, die im Gespräch deutlich geworden sind. Fragen, die nicht in der Gruppe thematisiert werden, können Ihnen auch als Anstoß dienen, zu Hause den Text vertiefend zu betrachten.*

1. Auf der Welt gibt es viele Krisenherde. Welche erschüttern Sie besonders? Beten Sie für Flüchtlinge.

2. Haben Sie die Möglichkeit, Flüchtlingen oder Asylanten zu helfen?

3. Ermutigung ist nicht nur unter Christen enorm wichtig. Wem aus Ihrer Umgebung täte Ermutigung einmal gut? Nehmen Sie sich in der kommenden Woche Zeit dafür!

4. Den Jerusalemern wurde aus Antiochia geholfen. Erzählen Sie einander, wie Sie kürzlich Hilfe erfahren haben.

5. Barnabas und Paulus haben Menschen im Glauben unterwiesen. Beten Sie für die Menschen, von denen Sie christliche Unterweisung empfangen (vgl. Hebr 13,17).

## *Erläuterungen*

**Zusammenfassung:** Dieser Abschnitt gehört zu denen, die man unter Umständen schneller überliest als andere Texte der Apostelgeschichte. Scheinbar passiert ja nichts Aufregendes. Flüchtlinge finden zum Glück eine neue Heimat. Aber in diesem Text stecken einige wichtige Informationen, die uns verstehen lassen, warum sich das Evangelium auch unter Heiden ausbreiten konnte. Die Flüchtlinge sind weitere oder kürzere Wege gegangen. Wegen ihres Glaubens erlitten sie Verfolgung. Aber das hindert sie nicht, ihren Glauben weiterhin zu bekennen. Respekt! Dass sie in der Fremde die Nähe der Juden suchen, ist verständlich. Nur wenige reden mit Heiden über den Glauben. Doch das hat Folgen!

**11,19. Die Gläubigen, die wegen der beginnenden Verfolgung nach dem Tod des Stephanus aus Jerusalem geflohen waren, kamen bis nach Phönizien, Zypern und Antiochia. Sie erzählten aber nur den Juden von Jesus.** Noch bleiben die hellenistischen Judenchristen unter sich. Im Römischen Reich gab es mehrere Städte mit dem Namen Antiochia; gemeint ist hier das im Südosten der heutigen Türkei liegende Antiochia (heute Antakya), das zu den prächtigsten und wichtigsten Städten im Reich gehörte. Ein Blick auf eine Landkarte kann sich an dieser Stelle lohnen. Die Flüchtlinge konnten nur hoffen, dass sie jetzt sicher waren. Minderheiten haben es immer schwer. Das war damals so und ist heute so.

**11,20. Lediglich ein paar Männer aus Zypern und Kyrene, die jetzt in Antiochia lebten, verkündeten auch den Griechen die rettende Botschaft von Jesus, dem Herrn.** Ein kleiner Satz, der aber Folgen hat, wie der nächste Vers zeigt! Diese Leute hatten Mut. Und Gott segnet diesen Mut. Lassen wir uns davon anstecken!

**11,22. Als die Gemeinde in Jerusalem davon erfuhr, schickte sie Barnabas nach Antiochia.** Wir sehen hier, wie stark noch jede Entwicklung von der Jerusalemer Gemeinde abhängt, wie wichtig ihre Bestätigung ist. Barnabas, erstmals in Apg 4,36+37 erwähnt, war ein hellenistischer Jude, der sich der hebräisch sprechenden Gemeinde angeschlossen hatte und dort großes Vertrauen genoss. Von Petrus und Paulus reden wir ständig, Barnabas wird in seiner Bedeutung unterschätzt. *Aber es ist Barnabas, der nach Paulus' Bekehrung diesem überhaupt die Türen öffnet (Apg 9,26-31).* Ohne die Unterstützung der Gemeinde in Jerusalem hätte Paulus nicht der werden können, der er geworden ist. Es sind Barnabas und Paulus, die zur ersten großen Missionsreise ausgesandt werden, und man hat überhaupt nicht den Eindruck, dass Barnabas dabei „nur Paulus' Mitarbeiter" gewesen ist. Auf die erste Reise nehmen sie Johannes Markus mit. Nach Kol 4,10 ist der erstmals in Apg 12,12 erwähnte Johannes Markus ein Vetter von Barnabas. Markus begleitete später Petrus auf seinen Reisen und wurde (vermutlich) der Verfasser des Markusevangeliums. Wir sehen, wie wichtig persönliche Verbindungen für die Verbreitung des Evangeliums waren. Es half den Missionaren, wenn sie hier oder dort jemanden kannten, dem sie vertrauen konnten. Nach alter kirchlicher Tradition stammt auch Lukas, der Verfasser des Evangeliums und der Apostelgeschichte, aus Antiochia.

**11,25+26. Von Antiochia reiste Barnabas nach Tarsus, um Saulus aufzusuchen. Er traf ihn, und gemeinsam gingen sie nach Antiochia zurück. Dort blieben beide ein ganzes Jahr, um viele Menschen im Glauben zu unterweisen. In Antiochia wurden die Nachfolger Jesu auch zum ersten Mal „Christen" genannt.** Wiederum ist es Barnabas, der erkennt, dass jetzt in Antiochia ein guter Theologe wie Paulus gebraucht wird. Sie bauen diese Gemeinde auf, die die beiden später aussendet, um im östlichen Mittelmeerraum zu missionieren (vgl. Apg 13,1-3). *Der Impuls zur Weltmission ging nicht von der Jerusalemer Gemeinde aus, sondern von Antiochia!*

**11,29+30. Deshalb beschloss die Gemeinde in Antiochia, den Christen in Judäa zu helfen. Jeder in der Gemeinde gab, so viel er nur konnte, und das Geld wurde dann von Barnabas und Saulus den Leitern der Gemeinde in Jerusalem überbracht.** Auch später hat Paulus in seinen Gemeinden immer für Jerusalem gesammelt. Damit wurde der Gemeinde dort nicht nur Dank und Anerkennung ausgedrückt, sondern zugleich ein Stück „kirchlicher Einheit" bewahrt. Dennoch verlagerte sich der Schwerpunkt des frühen Christentums allmählich nach Antiochia; dies umso mehr, als im Lauf der geschichtlichen Entwicklung die Jerusalemer Gemeinde immer konservativer, d. h. gesetzestreuer werden musste, um in Jerusalem noch bestehen zu können. Darüber erfahren wir mehr im nächsten Abschnitt.

Barnabas hat Paulus' Begabung erkannt und ihm den Weg geebnet. Paulus wäre sonst noch lange durch ihm entgegengebrachtes Misstrauen ausgebremst worden. Es ist auch heute noch wichtig, dass wir Begabungen erkennen und so Menschen zum vollamtlichen Dienst für das Evangelium ermutigen.

# 7 Miteinander oder gegeneinander? Lösung gesucht!

APOSTELGESCHICHTE 15,1-21

***Einstieg***
*15–20 Minuten*
*Wählen Sie bitte eine oder zwei Fragen aus.*

1. Erinnern Sie sich an Ihren letzten Streit. Wie haben Sie sich verhalten?

2. Wie kompromissbereit sind Sie, wenn Sie überzeugt sind, recht zu haben?

3. Was macht Ihrer Meinung nach einen guten Kompromiss aus?

4. „Das Gegenteil von gut ist nicht schlecht, sondern gut gemeint." Was halten Sie von diesem Satz? Haben Sie mal solch eine Erfahrung gemacht?

**Das Apostelkonzil in Jerusalem**

1 Eines Tages kamen Gläubige aus Judäa in die Gemeinde von Antiochia.
Sie lehrten öffentlich: Wer sich nicht beschneiden lässt, so wie es im Ge-
setz des Mose vorgeschrieben ist, kann nicht gerettet werden. 2 Paulus
und Barnabas widersprachen. Und es kam zu einer heftigen Auseinander-
setzung. Schließlich beschlossen die Christen in Antiochia, dass Paulus
und Barnabas mit einigen anderen aus der Gemeinde zu den Aposteln
und Gemeindeleitern nach Jerusalem gehen sollten, um diese Streitfrage
zu klären.
3 Nachdem die Gemeinde sie verabschiedet hatte, zogen sie durch die
Provinzen Phönizien und Samarien. Überall berichteten sie, wie auch die
Nichtjuden zu Gott umgekehrt waren, und alle freuten sich darüber. 4 In
Jerusalem wurden sie von der Gemeinde, den Aposteln und den Leitern
herzlich aufgenommen. Dort erzählten sie ebenfalls, was Gott durch sie
unter den Nichtjuden getan hatte. 5 Aber auch hier verlangten einige der
Gläubigen, die früher zu den Pharisäern gehört hatten: „Man muss die
Nichtjuden beschneiden und von ihnen verlangen, dass sie das Gesetz
des Mose befolgen."
6 Daraufhin setzten sich die Apostel und die Leiter zusammen, um diese
Frage zu klären. 7 Nach heftigen Wortwechseln stand schließlich Petrus
auf und sagte: „Liebe Brüder! Ihr wisst doch, dass Gott mir schon vor
langer Zeit aufgetragen hat, die rettende Botschaft auch denen zu verkün-

den, die keine Juden sind, denn auch sie sollen Gott vertrauen. 8 Und
Gott, der jedem von uns ins Herz sieht, hat sich zu ihnen bekannt, als er
den Nichtjuden genauso wie uns den Heiligen Geist gab. 9 Ja, Gott
machte keinen Unterschied zwischen uns und ihnen: Er befreite sie von
aller Schuld, als sie an ihn glaubten. 10 Warum wollt ihr jetzt Gott heraus-
fordern und diesen Brüdern eine Last aufbürden, die weder wir noch
unsere Vorfahren tragen konnten? 11 Wir glauben, dass wir allein durch
die Gnade Jesu, des Herrn, gerettet werden. Dasselbe gilt auch für die
Nichtjuden." 12 Alle schwiegen und hörten Barnabas und Paulus ge-
spannt zu, als sie berichteten, wie viele Zeichen und Wunder Gott durch
sie unter den Nichtjuden getan hatte.
13 Dann stand Jakobus auf: „Liebe Brüder!", sagte er. 14 „Simon Petrus hat
eben erzählt, wie Gott selbst begonnen hat, unter den Nichtjuden ein
Volk zu sammeln, das ihm gehört. 15 Das sagen ja schon die Propheten,
denn es heißt bei ihnen: 16 ‚Danach werde ich, der Herr, mich meinem
Volk wieder zuwenden und das Reich König Davids wieder aufbauen.
Jetzt gleicht es zwar einem zerstörten Haus, doch dann richte ich die
umgestürzten Wände wieder auf. 17 Alle Überlebenden sollen mich
suchen, auch alle Nichtjuden, die zu mir gehören. Ja, ich, der Herr,
18 habe das alles schon lange beschlossen.' 19 Ich meine deshalb", erklärte
Jakobus, „wir sollten den Nichtjuden, die zu Gott umgekehrt sind, keine
unnötigen Lasten aufbürden und ihnen nicht die jüdischen Gesetze auf-
zwingen. 20 Wir sollten allerdings von ihnen verlangen, kein Fleisch zu
essen, das Götzen geopfert worden ist, keine verbotenen sexuellen Bezie-
hungen einzugehen, kein Fleisch von Tieren zu essen, die nicht völlig
ausbluteten, oder gar das Blut selber zu verzehren. 21 Denn diese Gebote
des Mose sind seit alter Zeit überall bekannt. Sie werden an jedem Sabbat
in allen Synagogen vorgelesen."

## Bibelgespräch

*30–45 Minuten*
*Wählen Sie ggf. unter den Fragen aus.*

1. Wie schwer (oder leicht) fällt es Ihnen, sich in die Gesetzestreuen hineinzudenken?

2. Hätten Sie als Antiochener auch den Kontakt mit Jerusalem gesucht oder eher die Verbindung gekappt?

3. Welche Gedanken, Fragen und Ängste haben die pharisäischen Christen wohl mit ihrem Auftreten in Antiochia ausgelöst?

4. In welcher Last der Verantwortung stand Jakobus? Welche Kräfte zerren an ihm?

5. Trauen Sie sich, diese Geschichte oder Teile daraus einmal als Rollenspiel in ihrer Gruppe zu spielen? Wie ging es Ihnen innerlich dabei? (Wenn Sie das Rollenspiel nicht machen möchten, ist das nicht schlimm. Vielleicht könnte es sich aber doch lohnen. Nur Mut!)

## Austausch und Gebet

*15–30 Minuten*

*Wählen Sie ggf. unter den Fragen aus. Sie können das Gespräch mit einem gemeinsamen Gebet abschließen, in dem Sie auf mögliche Fragen und Anliegen Bezug nehmen, die im Gespräch deutlich geworden sind. Fragen, die nicht in der Gruppe thematisiert werden, können Ihnen auch als Anstoß dienen, zu Hause den Text vertiefend zu betrachten.*

1. Worüber wird heute in der Kirche gestritten? Sind Sie mit den Lösungen zufrieden?

2. Wo und wie könnten Sie Frieden stiften?

3. Wir haben immer wieder darüber gesprochen, dass das Evangelium Grenzen überwindet. Ist es nicht auffallend, dass hier die Lösung einmal darin besteht, die Grenzen der anderen zu respektieren? Haben Sie schon einmal eine ähnliche Erfahrung gemacht?

## *Erläuterungen*

**Zusammenfassung:** An einer denkwürdigen Stelle, nämlich in der Mitte seines Buches, berichtet Lukas von einem Krisentreffen, das als „Apostelkonzil" bekannt geworden ist. Es wurde nötig, weil einige gesetzestreue Mitglieder der Jerusalemer Urgemeinde nach Antiochia, dem Zentrum der christlichen Heidenmission, kamen und dort einige Unruhe stifteten. Sie verlangten, dass alle, die zum Glauben gekommen waren, beschnitten werden und nach jüdischer Weise leben sollten. Niemand von der Gemeindeleitung hatte sie dazu beauftragt (Apg 15,24), aber die Wirkung ihres Auftretens war verheerend – auch wenn sie es subjektiv gut meinten. Auf dem Höhepunkt der Auseinandersetzung beschloss die Gemeinde in Antiochia, Barnabas und Paulus nach Jerusalem zu schicken, um die Sache dort zu klären.

Wie konnte es aber dazu kommen? Dazu müssen wir uns die politische Entwicklung jener Zeit anschauen. Als Gaius mit dem Beinamen Caligula im Jahr 37 römischer Kaiser wurde, machte er den in Rom aufgewachsenen Herodes Agrippa I. zum judäischen König. Caligula entwickelte sich rasch zu einem skrupellosen Machtherrscher, der drohte, sein Bild zur Anbetung im Jerusalemer Tempel aufstellen zu lassen. Bei den Juden wurden schlimmste Erinnerungen an die Vergangenheit wach: 167 v. Chr. hatte nämlich Antiochus IV. Epiphanes den jüdischen Tempel geschändet und dort einen Zeusaltar errichten lassen, was 166 zum Aufstand der Makkabäer führte. Caligulas Drohung führte in Judäa dazu, dass sich die Juden nun erst recht zu ihrem Gesetz und ihrem Glauben bekannten. Die Zeloten erhielten Zulauf. Sie waren streng gesetzestreu und standen den Pharisäern nahe, waren aber darüber hinaus zum bewaffneten Widerstand gegen Rom bereit.

41 wurde Caligula von seinen eigenen Prätorianergarden ermordet. Sein Nachfolger Claudius bestätigte Herodes Agrippa I. im Königsstand. Herodes hatte nun den Eindruck, er müsse die Lage in Judäa beruhigen und beweisen, dass er ein frommer König war. Eine von Caligula geschenkte goldene Kette stiftete er dem Tempelschatz, und er fing an, die Jerusalemer Urgemeinde zu unterdrücken. Als er merkte, dass dies beim Volk gut ankam, ließ er den Apostel Jakobus, den Bruder des Apostels Johannes, hinrichten. Petrus ließ er verhaften. Nach seiner wunderbaren Befreiung verließ Petrus die Stadt vorläufig (vgl. Apg 12).

Das religiös-politische Klima in Judäa veränderte sich von da an stetig. Treue gegenüber der Thora wurde von allen verlangt. Damit bekamen auch die Gesetzestreuen innerhalb der Urgemeinde Auftrieb, und die Gemeinde wurde „konservativer". Ihre Kontakte zu gesetzesfreien Heidenchristen wurden immer misstrauischer beobachtet.

**15,1. Eines Tages kamen Gläubige aus Judäa in die Gemeinde von Antiochia.** Das dürfte um das Jahr 48 gewesen sein.

**15,2. … Schließlich beschlossen die Christen in Antiochia, dass Paulus und Barnabas mit einigen anderen aus der Gemeinde zu den Aposteln und Gemeindeleitern nach Jerusalem gehen sollten, um diese Streitfrage zu klären.** Was wie ein harmloser kleiner Satz aussieht, markiert doch einige Verschiebungen in der Jerusalemer Urgemeinde. Am Anfang waren die zwölf Apostel selbst Gemeindeleiter. Nun gab es neben den Aposteln die Gemeindeleiter oder Ältesten. An ihrer Spitze stand, wie in Apg 15,13 und an anderen Stellen noch deutlich wird, Jakobus. Es handelt sich hierbei um den leiblichen Bruder Jesu.

**15,6-11. „… Ihr wisst doch, dass Gott mir schon vor langer Zeit aufgetragen hat, die rettende Botschaft auch denen zu verkünden, die keine Juden sind, denn auch sie sollen Gott vertrauen. …"** Petrus erinnert noch einmal an sein Erlebnis mit Kornelius, und hier zeigt sich, dass die Beruhigung, die Petrus nach seiner Rechtfertigungsrede in Jerusalem erreicht hatte (Apg 11,18), nur vorläufig gewesen war. Unter den jetzigen „klimatischen" Bedingungen wurde die gesetzesfreie Heidenmission von vielen radikal infrage gestellt.

**15,13-21. … „Ich meine deshalb", erklärte Jakobus, „wir sollten den Nichtjuden, die zu Gott umgekehrt sind, keine unnötigen Lasten aufbürden und ihnen nicht die jüdischen Gesetze aufzwingen. …"** Es ist ein Zeichen für die Veränderungen in Jerusalem, dass nicht etwa Petrus, sondern Jakobus das entscheidende Wort spricht. Eindrücklich erinnert er die Versammlung an die Stellen im Alten Testament, an denen davon geredet wird, dass auch die Heiden dereinst Gott suchen werden. Er möchte sie vor „unnötigen Lasten" (Formulierung beachten!) bewahren.

**15,20. Wir sollten allerdings von ihnen verlangen, kein Fleisch zu essen, das Götzen geopfert worden ist, keine verbotenen sexuellen Beziehungen einzugehen, kein Fleisch von Tieren zu essen, die nicht völlig ausbluteten, oder gar das Blut selber zu verzehren.** Was Jakobus hier den Heidenchristen auferlegen will, ist dasselbe, was die jüdischen Gemeinden überall von ihren nicht jüdischen Gottesfürchtigen verlangten. Die Einhaltung dieser Regeln erleichterte den Juden den Umgang mit Nichtjuden.

**Schlussbemerkung:** Die Entscheidung der Apostelversammlung, die „gesetzesfreie Heidenmission" weiter zuzulassen, kann gar nicht hoch genug eingeschätzt wer-

den. Nur so konnte das Evangelium seinen Siegeszug um die Welt antreten. Dass ausgerechnet der durchaus konservative Jakobus eine so liberale Haltung eingenommen hat, bleibt ein Verdienst. Nun konnte das Heidenchristentum wachsen. Das hatte allerdings zur Folge, dass das Judenchristentum bis heute eine Minderheit blieb.
Mehr noch: Nach dem jüdischen Krieg gegen die Römer (66–70 n. Chr.), der mit der Zerstörung Jerusalems und des Tempels endete, schloss man die Judenchristen Zug um Zug aus dem Judentum aus. Sie wurden vollends zur Randgruppe – was sich bis in unsere Gegenwart hinein auswirkt: Das „offizielle" Judentum erkennt die „messianischen Juden", wie sie sich heute nennen, nicht als Juden an.
Um den jüdisch-christlichen Dialog nicht zu gefährden, bleibt auch die Evangelische Kirche in Deutschland (EKD) auf Abstand zu den messianischen Juden. Sie werden beispielsweise nicht zu Kirchentagen eingeladen, wo sonst viel Platz für die unterschiedlichsten Denk- und Lebensformen ist. Es ist zu hoffen, dass sich in Zukunft hier einiges ändert, denn zweifellos gibt es zwischen Judenchristen und nicht jüdischen Christen eine geistliche Einheit.

# 8 Turbulenzen in Philippi

## Apostelgeschichte 16,16-40

***Einstieg***
*15–20 Minuten*
*Wählen Sie bitte eine oder zwei Fragen aus.*

1. Was halten Sie von Horoskopen und Wahrsagerei? Kennen Sie entsprechende Zeitschriften oder Fernsehsendungen?

2. Bei welchen Gelegenheiten loben Sie Gott?

3. Haben Sie schon erlebt, dass Singen oder Lob Gottes Ihnen geholfen hat? Erzählen Sie davon!

4. Wie reagieren Sie, wenn Ihnen Unrecht widerfährt?

### Paulus und Silas im Gefängnis

[16] Auf dem Weg zur Gebetsstätte begegnete uns eines Tages eine Sklavin,
die von einem Dämon besessen war. Sie konnte die Zukunft voraussagen
und brachte auf diese Weise ihren Besitzern viel Geld ein. [17] Die Frau lief
hinter Paulus und uns anderen her und schrie: „Diese Männer sind Die-
ner des höchsten Gottes und zeigen euch den Weg zum Heil!“ [18] Das
wiederholte sich an mehreren Tagen, bis Paulus es nicht mehr ertragen
konnte. Er wandte sich zu der Frau um und befahl dem Dämon: „Im
Namen Jesu Christi, verlasse diese Frau!“ In demselben Augenblick ver-
ließ der Dämon die Sklavin. [19] Als aber ihre Besitzer merkten, dass sie mit
ihr nichts mehr verdienen konnten, packten sie Paulus und Silas und
schleppten die Apostel auf den Marktplatz zur Stadtbehörde. [20] „Diese
Männer bringen unsere Stadt in Aufruhr“, beschuldigte man sie vor den
obersten Beamten der Stadt. „Es sind Juden! [21] Sie wollen hier Sitten
einführen, die gegen das römische Recht verstoßen!“
[22] Da stellte sich die aufgehetzte Menschenmenge drohend gegen Paulus
und Silas, und die obersten Beamten der Stadt ließen den beiden die
Kleider vom Leib reißen und sie auspeitschen. [23] Nachdem sie so miss-
handelt worden waren, warf man sie ins Gefängnis und gab dem Aufse-
her die Anweisung, die Gefangenen besonders scharf zu bewachen.
[24] Also sperrte er sie in die sicherste Zelle und schloss zusätzlich ihre Füße
in einen Holzblock ein. [25] Gegen Mitternacht beteten Paulus und Silas.
Sie lobten Gott laut, und die übrigen Gefangenen hörten ihnen zu. [26] Da
erschütterte plötzlich ein gewaltiges Erdbeben das ganze Gefängnis bis in
die Grundmauern; alle Türen sprangen auf, und die Ketten der Gefange-

nen zerbrachen. 27 Aus dem Schlaf gerissen sah der Gefängnisaufseher,
dass die Zellentüren offen standen. Voller Schrecken zog er sein Schwert
und wollte sich töten, denn er dachte, die Gefangenen seien geflohen.
28 „Töte dich nicht!“, rief da Paulus laut. „Wir sind alle hier.“ 29 Der Ge-
fängnisaufseher ließ sich ein Licht geben und stürzte in die Zelle, wo er
sich zitternd vor Paulus und Silas niederwarf. 30 Dann führte er die bei-
den hinaus und fragte sie: „Ihr Herren, was muss ich tun, um gerettet zu
werden?“ 31 „Glaube an den Herrn Jesus, dann werden du und alle, die in
deinem Haus leben, gerettet“, erwiderten Paulus und Silas. 32 Sie verkün-
deten ihm und allen in seinem Haus die rettende Botschaft Gottes. 33 Der
Gefängnisaufseher kümmerte sich noch in derselben Stunde um Paulus
und Silas, er reinigte ihre Wunden und ließ sich mit allen, die zu ihm
gehörten, taufen. 34 Dann führte er sie hinauf in sein Haus und bewirtete
sie. Er freute sich zusammen mit allen, die bei ihm lebten, dass sie zum
Glauben an Gott gefunden hatten.

35 Bei Tagesanbruch schickten die obersten Beamten die Gerichtsdiener
mit dem Befehl zu ihm: „Lass die Leute gehen!“ 36 Der Gefängnisaufseher
teilte das Paulus mit: „Die führenden Männer lassen euch sagen, dass ihr
frei seid. Ihr könnt jetzt unbesorgt die Stadt verlassen.“ 37 Doch Paulus
widersprach: „Sie haben uns in aller Öffentlichkeit geschlagen und ohne
jedes Gerichtsverfahren ins Gefängnis geworfen, obwohl wir römische
Bürger sind. Und jetzt wollen sie uns auf bequeme Weise loswerden! Aber
damit bin ich nicht einverstanden. Die Männer, die dafür verantwortlich
sind, sollen persönlich kommen und uns aus dem Gefängnis führen.“
38 Mit dieser Nachricht kehrten die Gerichtsdiener zurück. Als die füh-
renden Männer hörten, dass Paulus und Silas römische Bürger waren,
erschraken sie 39 und liefen sofort zum Gefängnis. Unter vielen Entschul-
digungen geleiteten sie Paulus und Silas hinaus und baten die beiden
höflich, die Stadt zu verlassen. 40 Sie gingen aber zunächst in das Haus der
Lydia. Dort hatte sich die ganze Gemeinde versammelt. Nachdem die
Apostel sie ermutigt hatten, im Glauben festzubleiben, verabschiedeten
sie sich und verließen die Stadt.

### *Bibelgespräch*

*30–45 Minuten*
*Wählen Sie ggf. unter den Fragen aus.*

1. Versetzen Sie sich in den Gefängnisaufseher. Was erlebt er an diesem Tag?

2. „Jesus befreit.“ Wer erlebt das in dieser Geschichte? Wovon werden die Menschen befreit?

3. Versetzen Sie sich in Paulus’ und Silas’ Situation im Gefängnis. Was halten Sie von ihrer Reaktion (Vers 25)? Welche verschiedenen Auswirkungen hatte ihr Lobgesang?

4. Lesen Sie noch einmal Vers 37. Finden Sie Paulus’ Verhalten klug? Hätten Sie sich ebenso verhalten wie er? Wann sollte man auf seinem Recht beharren, wann darauf verzichten?

### *Austausch und Gebet*

*15–30 Minuten*

*Wählen Sie ggf. unter den Fragen aus. Sie können das Gespräch mit einem gemeinsamen Gebet abschließen, in dem Sie auf mögliche Fragen und Anliegen Bezug nehmen, die im Gespräch deutlich geworden sind. Fragen, die nicht in der Gruppe thematisiert werden, können Ihnen auch als Anstoß dienen, zu Hause den Text vertiefend zu betrachten.*

1. Loben Sie gerne Gott? Was macht es Ihnen schwer oder leicht, ihn zu loben?

2. In dieser Geschichte geht es ja auch um Vorurteile („Es sind Juden“). Was kann man gegen Vorurteile tun?

3. Haben Sie schon einmal erlebt, dass eine Situation viel besser ausging, als Sie befürchtet haben? Erzählen Sie davon. Nehmen Sie es mit ins Gebet – Gott freut sich über Ihr Lob!

4. „Der Herr selbst wird für euch kämpfen, wartet ihr nur ruhig ab!“ (2 Mo 14,14). Denken Sie gemeinsam über diesen Bibelvers nach. Welchen Bezug haben Sie zu Paulus’ und Silas’ obigem Erlebnis?

5. Von dem bekannten württembergischen Pfarrer Christoph Blumhardt (1842–1919) stammt der Satz: „Das Wunder ist nicht die Unregelmäßigkeit, sondern die Herstellung der Regelmäßigkeit in der Schöpfung.“ Wie verstehen Sie diese Aussage? Was meinen Sie dazu?

## Erläuterungen

**Zusammenfassung:** Die Vorgeschichte: Nachdem der Heilige Geist Paulus und seinem Team in Kleinasien alle Türen verschlossen hat, kommen sie nach einem bedeutsamen Traum von Paulus nach Europa, in die römische Kolonie Philippi. Eine Purpurhändlerin namens Lydia wird die erste europäische Christin, und sie macht sogleich ihr Haus zu einem „Gemeindehaus".

Jesus hatte seinen Jüngern stets gesagt, dass sie seinetwegen mit Leiden rechnen müssten (vgl. Mt 5,11; Mk 8,34+35; Lk 12,11+12; Joh 16,2). Paulus ist in seinem Missionarsleben manchem heftigen Widerstand begegnet; so auch in dieser Geschichte. Antisemitisches „gesundes Volksempfinden" (so nannte man das im Dritten Reich) in Verbindung mit „Vater Staat" bringen Paulus und Silas in Bedrängnis. Sie wehren sich dagegen: mit Liedern! Nein, das ist kein Druckfehler! Lieder – das ist schon richtig.

Noch eine Vorbemerkung: Manche Theologen haben Lukas vorgeworfen, er sei zu römerfreundlich in seiner Darstellung. Schauen wir mal!

**16,16-18. Auf dem Weg zur Gebetsstätte begegnete uns eines Tages eine Sklavin, die von einem Dämon besessen war. ...** Es ist überaus lästig, dass diese Frau einige Tage lang, jedes Mal, wenn sie Paulus und seine Freunde sieht, hinter ihnen her krakeelt. Doch immerhin sagt sie die Wahrheit. Diese Männer *sind* ja Diener des höchsten Gottes. Warum exorziert sie Paulus? Zum einen, weil hier ein geistlicher Kampf stattfindet. Jesus hat stets Dämonen ausgetrieben, und sein Evangelium hat *diese* Art von Werbung nicht nötig. Zum anderen ist die Magd ja durch den Dämon gebunden. Hat sie nicht ein Recht, durch Jesus befreit zu werden?

**16,19. Als aber ihre Besitzer merkten, dass sie mit ihr nichts mehr verdienen konnten, packten sie Paulus und Silas und schleppten die Apostel auf den Marktplatz zur Stadtbehörde. ...** Tja, beim Geld hört der Spaß auf. Das war schon damals so. Man erkennt hier auch, wie ein böses System von Abhängigkeit entsteht. Die Magd ist gebunden durch den Dämon und zugleich abhängig von ihren Herren. Das abergläubische Volk muss Geld zahlen und begibt sich in die Abhängigkeit der Vorhersagen. Die Herren der Magd erkennen in ihrer Geldgier nicht ihre Bosheit. An dieser Stelle sei auch hingewiesen auf den Aufruhr der Silberschmiede in Ephesus, Apg 19,23-40.

**16,20-21. „Diese Männer bringen unsere Stadt in Aufruhr." ...** Das ist natürlich eine bösartige Unterstellung! Aber sie ist wirksam, weil die römischen Behörden (es sind ja immer Besatzungsbehörden!) sehr nervös auf jede Art von Unruhe reagierten. Das Leben spielte sich dort wesentlich auf der Straße ab; viele hatten mitbekommen, was Paulus und Silas taten. (Heutzutage hätten diese Leute wohl eine Medienkampagne gegen Paulus in Gang gesetzt.) Mit dem Hinweis „Es sind Juden!" verstärkten sie ihre Anschuldigung noch, indem sie an verbreitete Vorurteile appellierten. Antisemitismus ist keine Erfindung der Neuzeit. Es gibt in der Antike eine Fülle antijüdischer Literatur, und sie war schon damals nicht sehr intelligent. Der römische Geschichtsschreiber Tacitus nennt sie einmal „Feinde des Menschengeschlechts". Der antike Antijudaismus ist oft religiös begründet. Mit seinem absoluten Monotheismus und seinem strikten Bilderverbot (vgl. 2 Mo 20,4+5) passte das Judentum überhaupt nicht in die antike polytheistische Welt mit ihren Götterbildern und dem Anspruch der Machthaber, sie seien (oder würden spätestens mit ihrem Tod) göttlich.

Die Taktik von Paulus' Gegnern ist fies, aber wirksam: Mit dem Vorwurf, hier werde Aufruhr angezettelt, natürlich wieder mal durch Juden, kocht das „gesunde Volksempfinden" hoch. Römisches Recht werde verletzt, lautet ein weiterer Vorwurf, ohne dass das näher begründet wird.

**16,22. Da stellte sich die aufgehetzte Menschenmenge drohend gegen Paulus und Silas, und die obersten Beamten der Stadt ließen den beiden die Kleider vom Leib reißen und sie auspeitschen.** Es wäre eigentlich die Pflicht der Beamten gewesen, den Sachverhalt erst einmal zu prüfen, aber sie hatten wohl Angst vor dem wütenden Mob. Oder Juden auspeitschen kam ihnen gerade recht. Paulus und Silas werden nach der Misshandlung besonders streng inhaftiert. Ein himmelschreiendes Unrecht!

**16,25. Gegen Mitternacht beteten Paulus und Silas. Sie lobten Gott laut, und die übrigen Gefangenen hörten ihnen zu.** Das sind ungewohnte Töne an einem Ort, an dem sonst gebrüllt, geweint oder geflucht wird. Kann man Gott loben, wenn man in den Block geschlossen ist, alle Glieder schmerzen und vom Rücken immer noch das Blut herunterläuft?

Nun ist die ganze Bibel voll von Aufforderungen, Gott zu loben. „Singt dem Herrn ein neues Lied, solange es euch gut geht"? Nein, genau *so* redet die Bibel nicht. Sie ist der Meinung, man müsse Gott ganz einfach deshalb loben und ehren, weil er Gott ist – egal ob es einem gut geht oder nicht (vgl. z. B. Ps 92,1, Ps 96,1; Ps 97,1; Ps 98,1; Ps 102,18-23). Das haben Paulus und Silas verstanden.

Der württembergische Pfarrer Horst Keil schreibt einmal: „Wenn wir heute nicht singen, nicht jubeln, dass wir an Gott gläubig geworden sind, dann werden wir es in der Stunde des Leidens erst recht nicht können. Die Lieder der Nacht wollen am Tage eingeübt werden" (in: Für Arbeit und Besinnung. Zeitschrift für die Evang. Landeskirche in Württemberg, 1976, S. 307).

**16,26. Da erschütterte plötzlich ein gewaltiges Erdbeben das ganze Gefängnis bis in die Grundmauern; alle Türen sprangen auf, und die Ketten der Gefangenen zerbrachen.** Es ist wahr! Lobpreis schafft Veränderungen – auch wenn alle einen Augenblick lang dem Tod nah sind. Lobpreis vermag nicht nur die Singenden selbst zu befreien. Er öffnet andere Menschen für das Evangelium. Seine Kraft erweist sich im Leiden. Der Glaube bewährt sich gerade dann, wenn uns die Hände zur Tat gebunden sind. Deshalb will Gott eine singende, lobende, musizierende und betende Gemeinde. Das macht sie stark.

**16,27-34. Aus dem Schlaf gerissen sah der Gefängnisaufseher, dass die Zellentüren offen standen. ...** Auch der Gefängnisaufseher war einen Augenblick lang an der Grenze zum Tod. Aber dann wird ihm und allen, die zu ihm gehören, die Tür zum ewigen Leben aufgemacht.
Zuerst sieht er nur die scheinbare Katastrophe: Alle Türen sind offen. Das Ende seines bürgerlichen Lebens und seiner Ehre! Kurz bevor er sich in sein Schwert stürzt, hört er die tröstliche Aufforderung: „Töte dich nicht! Wir sind alle hier." Blitzartig begreift er, dass hier eine Macht am Werk ist, die er nicht kennt. Aus „Gefangene Paulus und Silas" wird „Ihr Herren!". Der Gefängnisaufseher spürt, dass er an einer Lebenswende steht: „Was muss ich tun, um gerettet zu werden?" Am Ende klingt auch sein Haus vom Lobgesang.

**16,35-39. Bei Tagesanbruch schickten die obersten Beamten die Gerichtsdiener mit dem Befehl zu ihm: „Lass die Leute gehen!" ...** Wer damals sagen konnte „*Civis Romanus sum* – Ich bin ein römischer Bürger", tat das meist mit einem gewissen Stolz; denn das römische Bürgerrecht verlieh einem Menschen bestimmte Privilegien, die die anderen nicht hatten.
Die Stadtbeamten waren der Meinung, die zwei Gefangenen hätten ihre Lektion bekommen. Nun sollten sie sich davonschleichen. Welcher Schreck, als die Beamten erfuhren, dass sie es selbst waren, die römisches Recht verletzt hatten. Denn als sie dem Vorwurf geglaubt hatten, Paulus und Silas hätten gegen römisches Recht verstoßen, hatten sie die beiden ohne ordentliches Verfahren ins Gefängnis geworfen.
Paulus zwang sie, Silas und ihn in aller Form aus dem Gefängnis zu begleiten. Und damit waren sie noch gut bedient!

**Schlussbemerkung:** Diese Geschichte ist eine der schönsten Geschichten der Apostelgeschichte. Paulus hatte sein Leben lang eine besondere Beziehung zur Gemeinde in Philippi. Abgesehen vom Philemonbrief ist kein Paulusbrief im Neuen Testament so warmherzig wie der an die Gemeinde in Philippi. Es war auch die einzige Gemeinde, von der er Geschenke annahm.

# 9 Evangelium kontra Religion und Philosophie

APOSTELGESCHICHTE 17,16-34

***Einstieg***
*15–20 Minuten*
*Wählen Sie bitte eine oder zwei Fragen aus.*

1. Wie würden Sie die religiöse Situation in Deutschland beschreiben?
2. Haben Sie schon einmal mit einem Gegner des Christentums diskutiert? Wie war das? Fiel es Ihnen leicht zu erzählen, was Sie glauben?
3. Würden Sie öffentlich, also auf der Straße oder im Internet, Glaubensfragen diskutieren?
4. In den Fußgängerzonen unserer Großstädte begegnet man manchmal Straßenpredigern. Haben Sie schon einmal zugehört? Was haben Sie dabei empfunden?

**Paulus' Streitgespräch mit den Athener Philosophen**

16 Während Paulus in Athen auf Silas und Timotheus wartete, wurde er
zornig über die vielen Götterstatuen in der Stadt. 17 Er sprach in der
Synagoge zu den Juden und den Griechen, die zum jüdischen Glauben
übergetreten waren. Außerdem predigte er an jedem Tag auf dem Markt-
platz zu den Menschen, die gerade vorbeikamen. 18 Bei einer solchen
Gelegenheit kam es zu einem Streitgespräch mit einigen Philosophen,
und zwar mit Epikureern und Stoikern. Einige von ihnen meinten: „Die-
ser Mann ist doch ein Schwätzer!“, andere sagten: „Er scheint von frem-
den Göttern zu erzählen.“ Denn Paulus hatte von Jesus und seiner Auf-
erstehung gesprochen. 19 Weil die Philosophen mehr über die neue Lehre
erfahren wollten, nahmen sie den Paulus mit vor den Areopag, den Ge-
richtshof von Athen. 20 „Was wir von dir hören, ist alles neu und fremd
für uns“, erklärten sie Paulus. „Wir möchten gern mehr davon wissen.“ 21
Denn sowohl die Athener als auch die Fremden in dieser Stadt beschäf-
tigten sich am liebsten damit, Neuigkeiten zu erfahren und weiterzuer-
zählen. 22 Da stellte sich Paulus vor alle, die auf dem Areopag versammelt
waren, und rief: „Athener! Mir ist aufgefallen, dass ihr euren Göttern mit
großer Hingabe dient; 23 denn ich habe in eurer Stadt viele Heiligtümer
gesehen. Auf einem Altar stand: ‚Dem unbekannten Gott.‘ Von diesem
Gott, den ihr verehrt, ohne ihn zu kennen, spreche ich.

24 Es ist der Gott, der die Welt und alles, was in ihr ist, geschaffen hat.
Dieser Herr des Himmels und der Erde wohnt nicht in Tempeln, die
Menschen gebaut haben. 25 Er braucht auch nicht die Hilfe und Unter-
stützung irgendeines Menschen. Er, der allen das Leben gibt und was
zum Leben notwendig ist, 26 er hat den *einen* Menschen geschaffen, von
dem alle Völker auf der ganzen Erde abstammen. Er hat auch bestimmt,
wie lange und wo jeder Einzelne von ihnen leben soll. 27 Das alles hat er
getan, weil er wollte, dass die Menschen ihn suchen. Sie sollen ihn spüren
und finden können. Und wirklich, er ist jedem von uns ja so nahe!
28 Durch ihn allein leben und handeln wir, ja ihm verdanken wir alles,
was wir sind, so wie es einige eurer Dichter gesagt haben: ‚Wir sind seine
Kinder.' 29 Weil wir nun von Gott abstammen, ist es doch unsinnig zu
glauben, dass wir Gott in Statuen aus Gold, Silber oder behauenen Stei-
nen darstellen könnten. Diese sind doch nur Gebilde unserer Kunst und
unserer Vorstellungen. 30 Bisher haben die Menschen das nicht erkannt,
und Gott hatte Geduld mit ihnen. Aber jetzt befiehlt er allen Menschen
auf der ganzen Welt, zu ihm umzukehren. 31 Denn der Tag ist schon fest-
gesetzt, an dem Gott alle Menschen richten wird; ja, er wird ein gerechtes
Urteil sprechen durch den *einen* Mann, den er selbst dazu bestimmt hat.
Das hat Gott bewiesen, indem er ihn von den Toten auferweckte."
32 Als Paulus von der Auferstehung der Toten sprach, begannen einige zu
spotten, andere aber meinten: „Darüber wollen wir später noch mehr
hören." 33 Paulus verließ jetzt die Versammlung. 34 Einige Leute, die
durch seine Rede zu glauben begonnen hatten, gingen mit ihm. Darun-
ter waren Dionysius, ein Mitglied des Gerichtshofes, eine Frau, die
Damaris hieß, und manche andere.

### Bibelgespräch

*30–45 Minuten*
*Wählen Sie ggf. unter den Fragen aus.*

1. Beobachten Sie, wie Paulus das Gespräch führt. Wo kommt er seinen Gesprächspartnern entgegen? Wo „bürstet er sie gegen den Strich“?

2. Paulus musste aufgrund seiner Predigt aus Thessalonich und Beröa fliehen. Kaum in Athen angekommen, fängt er schon wieder an zu predigen. Warum hält er nicht einfach mal den Mund? Was meinen Sie?

3. In den Erläuterungen finden Sie einige Hinweise zu den Stoikern und Epikureern. Kommt Ihnen von deren Lehre etwas bekannt vor?

4. „Wir sind alle Gottes Kinder.“ Wie wird dieser Satz manchmal gebraucht? Wie versteht ihn die Bibel (vgl. Röm 8,14-17)?

### Austausch und Gebet

*15–30 Minuten*

*Wählen Sie ggf. unter den Fragen aus. Sie können das Gespräch mit einem gemeinsamen Gebet abschließen, in dem Sie auf mögliche Fragen und Anliegen Bezug nehmen, die im Gespräch deutlich geworden sind. Fragen, die nicht in der Gruppe thematisiert werden, können Ihnen auch als Anstoß dienen, zu Hause den Text vertiefend zu betrachten.*

1. Athen war eine Stadt voller Tempel. Was sind denn heute „die Tempel“ in unseren Städten, also die Häuser, in denen Wichtiges geschieht?

2. Der oberste Gott der Griechen hieß Zeus. Wer oder was ist wohl der „oberste Gott“ Deutschlands?

3. Paulus brauchte einigen Mut für seinen Auftritt. Hätten Sie solchen Mut?

4. Kennen Sie Menschen, die „fremden Göttern“ hinterherlaufen? Beten Sie gemeinsam für sie.

5. Denken Sie an einen ungläubigen Menschen aus Ihrer Umgebung und fangen Sie an, regelmäßig für ihn zu beten.

# Erläuterungen

**Zusammenfassung:** Erst in Thessalonich (Apg 17,1-9), dann auch in Beröa (Verse 10-15) wird für Paulus der Boden unter den Füßen zu heiß. Seine Mitarbeiter bringen ihn nach Athen in Sicherheit. Paulus und sein Team haben das oft erlebt, dass nach einer anfänglichen Offenheit gegenüber dem Evangelium ein Angriff erfolgt. Solche Erfahrungen durchziehen die ganze Missionsgeschichte.

In Athen betritt Paulus „den Quellgrund abendländischer Geistesgeschichte", wenn wir es einmal ganz feierlich ausdrücken wollen. Athen – nicht nur die Stadt schöner Tempel (Akropolis), sondern auch die Stadt der Philosophen. Humanistische Bildung ist heute nicht mehr so weitverbreitet, sonst wüssten wir, wie großartig griechische Philosophie ist und nicht zuletzt wie modern. Wer meint, Atheismus sei eine „Erfindung" der Neuzeit, der irrt sich. Es gab griechische Philosophen, die davon überzeugt waren, dass es keine Götter gibt.

Es gibt heute sehr fromme Christen, die um jedes glaubenskritische oder atheistische Buch einen weiten Bogen machen. Sie lesen so etwas nicht aus Angst, ihr Glaube könnte Schaden nehmen. Sie sind dagegen, dass Pfarrer an „weltlichen" Universitäten ausgebildet werden, sondern rufen nach „bibeltreuen" Ausbildungsstätten. Wer aber das Evangelium verkünden will, muss auf der Höhe der Zeit sein.

Er muss wissen, wie die anderen denken. Paulus erweist sich in dieser Geschichte als gutes Vorbild.

**17,16. Während Paulus in Athen auf Silas und Timotheus wartete, wurde er zornig über die vielen Götterstatuen in der Stadt.** Aus Sicherheitsgründen wurde Paulus nach Athen gebracht (vgl. Apg 17,10-15). Athen hatte seine große Zeit schon hinter sich, war aber immer noch das Zentrum des Griechentums und auch seiner Religion. Griechische Götter (und so auch ihre Bilder) wirken sehr „menschlich". Für Paulus, in der jüdischen Tradition des absoluten Bilderverbotes (2 Mo 20,4) aufgewachsen, eine Zumutung!

**17,18a. Bei einer solchen Gelegenheit kam es zu einem Streitgespräch mit einigen Philosophen, und zwar mit Epikureern und Stoikern.** Die stoischen und epikureischen Philosophen sind viel zu intellektuell für einen naiven Bilderdienst. Religionskritik ist ihnen nicht fremd. Die Stoa, eine sehr einflussreiche philosophische Richtung, geht zurück auf Zenon von Kition (um 300 v. Chr.) und seine Schüler. Für die Stoiker ist es wichtig, dass der Mensch die kosmische Ordnung erkennt: Den Kosmos durchwaltet ein vernünftiges göttliches Prinzip. Diese unpersönliche göttliche Kraft steht hinter allem und durchdringt alles. Jeder Mensch muss seinen Platz in der Welt finden und seinen Beitrag für die menschliche Gemeinschaft leisten. Vernunft und Logik helfen dem Menschen, die Welt zu verstehen. Je eher der Mensch seinen Platz im Ganzen findet, desto eher findet er auch zu der sprichwörtlich gewordenen „stoischen Ruhe", die ihm hilft, die Wechselfälle des Lebens zu tragen.

Nach Epikur (341–271/70 v. Chr.) geht es im Leben darum, dass der Mensch sein persönliches Glück findet, indem er maßvoll alle seine Bedürfnisse befriedigt. Maßvoll ist dabei das Stichwort. Gegner der Epikureer haben ihnen Völlerei und Neigung zu Orgien vorgeworfen. Aber damit tut man den Epikureern unrecht. Engagement für die Gemeinschaft wie bei den Stoikern findet man bei ihnen nicht. Epikur und seine Schüler glauben zwar, dass es – irgendwo – Götter gibt, *aber sie haben die Welt nicht geschaffen, greifen nicht in den Weltlauf ein und haben auch kein Interesse an den Menschen.* Umgekehrt schuldet der Mensch den Göttern auch keine Verehrung oder Opfer. Alles ist Materie (also auch die Götter). Wenn der Mensch tot ist, ist und bleibt er tot.

**17,18b. Einige von ihnen meinten: „Dieser Mann ist doch ein Schwätzer!", andere sagten: „Er scheint von fremden Göttern zu erzählen."** Paulus hatte von Jesus und seiner Auferstehung gesprochen. Stoiker und Epikureer nennen Paulus einen „Schwätzer" (wörtlich übersetzt: „Körnerpicker"). Zunächst glauben sie, Paulus rede von zwei Göttern, von Jesus und der Göttin „Anastasis" (= Auferstehung).

**17,19. Weil die Philosophen mehr über die neue Lehre erfahren wollten, nahmen sie den Apostel mit vor den Areopag, den Gerichtshof von Athen.** Paulus muss sich zwar nicht einer Gerichtsverhandlung stellen, aber doch einem offiziellen Streitgespräch.

Areopag heißt zunächst ein Felsen in der Nähe der Akropolis, wo sich in der früheren Zeit der oberste Rat der Stadt zu Beratungen und Gerichtsverhandlungen getroffen hat. Der Name des Felsens ging auf das Gremium über. Areopag hießen die Leute, die zu diesem Rat gehörten, auch wenn sie sich in späterer Zeit in einem Gebäude an anderer Stelle trafen. Wo Paulus nun mit den Philosophen gestritten hat, bleibt unklar. Vielleicht doch oben auf dem Felsen. Jedenfalls haben die Athener dort ein Denkmal, das an Paulus' Auftritt erinnert.

**17,21. Denn sowohl die Athener als auch die Fremden in dieser Stadt beschäftigten sich am liebsten damit, Neuigkeiten zu erfahren und weiterzuerzählen.** Das ist ein liebevoll-ironischer Seitenhieb von Lukas. Andererseits ehrt ihre gesunde Neugier die Athener auch. In einer Zeit ohne

Zeitungen, Radio und Internet war das Gespräch die einzige Möglichkeit, Neues zu erfahren.

**17,23. „Denn ich habe in eurer Stadt viele Heiligtümer gesehen. Auf einem Altar stand: ‚Dem unbekannten Gott.‘ Von diesem Gott, den ihr verehrt, ohne ihn zu kennen, spreche ich."** Warum die Athener einen solchen Altar hatten, bleibt rätselhaft. War es religiöse Vorsicht nach dem Motto: „Lieber einen Altar zu viel als einen zu wenig"? Oder war es der religiöse Ausdruck eines tiefsinnigen Philosophen, der der Meinung war, Gott bleibe immer ein unbekanntes Wesen? Wie dem auch sei, dieser Altar gibt Paulus einen Anknüpfungspunkt für seine Rede. Mich erinnert dieser Altar an unsere postmoderne Welt, in der es Platz für viele „Wahrheiten" gibt. Überhaupt erinnert die weltanschauliche Lage zu Paulus' Zeit in ihrer Vielfalt, Gegensätzlichkeit und auch in ihrer teilweise oberflächlichen Toleranz stark an unsere Gegenwart. Neben den „etablierten Religionen" der Völker im Römischen Reich gab es Mischreligionen und auch esoterische Strömungen. Für jeden war auf dem Markt der Weltanschauungen etwas dabei. Das Spektrum ging von staubtrocken-intellektuell bis zum orgiastischen Geheimkult. Das galt zumindest für die großstädtischen Bereiche.

**17,24-27. „Es ist der Gott, der die Welt und alles, was in ihr ist, geschaffen hat. ... Das alles hat er getan, weil er wollte, dass die Menschen ihn suchen. Sie sollen ihn spüren und finden können. Und wirklich, er ist jedem von uns ja so nahe!"** ... Paulus entfaltet hier das biblische Gottesbild: Es gibt nur *einen* Gott, der aber kein unbekanntes Wesen ist, sondern ein persönlicher, sich offenbarender Gott. Ein Schöpfer, der nicht immanenter Teil seiner Schöpfung ist, sondern ihr gegenübersteht. Vor allem aber: ein Gott, der seine Schöpfung liebt und sie erlösen will.

**17,28. „Durch ihn allein leben und handeln wir, ja, ihm verdanken wir alles, was wir sind. So wie es einige eurer Dichter gesagt haben: ‚Wir sind seine Kinder.'"** Noch einmal holt Paulus seine Zuhörer in ihrer eigenen Tradition ab, indem er Aratus zitiert, der damit wiederum an einen ähnlichen Satz des Stoikers Kleanthes erinnert.

**17,31. „Denn der Tag ist schon festgesetzt, an dem Gott alle Menschen richten wird."** Dieser Vers ist allerdings nun ein Generalangriff auf hellenistisches Denken, dem die Idee eines Weltgerichts durch Gott fremd ist. Hellenistisches Geschichtsdenken ist zyklisch, biblisches dagegen linear: Die Welt hat einen Anfang in der Schöpfung, und Gott macht der Welt auch ein Ende.

**17,32. Als Paulus von der Auferstehung der Toten sprach, begannen einige zu spotten, andere aber meinten: „Darüber wollen wir später noch mehr hören."** Mit der Rede von der Auferstehung Jesu hat Paulus für seine Zuhörer den Bogen endgültig überspannt. Er erntet dafür viel Spott. Paulus hat lernen müssen, Spott auszuhalten. Er hat Schlimmeres erlebt. Dass wir heutigen Christen oft so empfindlich auf Spott reagieren, mag daran liegen, dass wir meist nur hinter Kirchen- und Gemeindehausmauern das Evangelium verkündigen. Uns fehlt der frische Wind der Straßen und Marktplätze. Alle die, die um ihres Glaubens willen verspottet werden, mögen sich mit Jesu Wort aus Mt 5,11+12 trösten.

**17,34. Einige Leute, die durch seine Rede zu glauben begonnen hatten, gingen mit ihm Darunter waren Dionysius, ein Mitglied des Gerichtshofes, eine Frau, die Damaris hieß, und manche andere.** Paulus' Predigterfolg war nicht gerade überwältigend. Aber er hat es dennoch gewagt! Sind wir heute angesichts vieler kirchenkritischer Stimmen nicht viel zu ängstlich geworden? Wir erwarten, dass die Menschen in unsere Kirchen und Gemeinden kommen. Dabei sollten *wir* auf die Straßen gehen. Immerhin – die Erkenntnis gilt auch noch heute, dass es Orte gibt, an denen es schwerer als an anderen ist zu evangelisieren. In Korinth z. B. hatte Paulus mehr Erfolg als in Athen.

**Schlussbemerkung:** Paulus' Predigt enthält alle vier Kernpunkte, wie wir sie – in jeweils unterschiedlicher Gewichtung – in der Apostelgeschichte bzw. bei hellenistisch geprägten Judenchristen kennen:

1. die Macht und Lebendigkeit Gottes gegenüber der Nichtigkeit anderer Götter,
2. die Möglichkeit der Umkehr und des Glaubens an Gott,
3. die Rede vom kommenden Jesus als Richter der Welt und
4. den Hinweis auf die Auferweckung Jesu, die seine besondere Stellung unterstreicht.

Vgl. Apg 14,15-17; 1 Thess 1,9-10; Hebr 6,1-2.

# 10 Paulus' Testament

APOSTELGESCHICHTE 20,17-38

***Einstieg***
*15–20 Minuten*
*Wählen Sie bitte eine oder zwei Fragen aus.*

1. Stellen Sie sich vor, Sie müssten sich für immer von einigen Freunden verabschieden. Was würden Sie ihnen sagen?

2. „Letzten Worten" eines Menschen wird ja oft eine große Bedeutung zugesprochen. Kennen Sie Beispiele für solche „letzten Worte"?

3. Sie haben gewiss schon von Martin Luther Kings berühmter Rede „I have a dream" gehört. Worin bestand eigentlich ihre Bedeutung?

**Paulus' Abschiedsrede in Milet**

17 Von Milet aus schickte Paulus einen Boten mit der Nachricht nach
Ephesus, dass er gern mit den Leitern der Gemeinde sprechen würde.
18 Als sie alle gekommen waren, sagte er zu ihnen: „Ihr wisst, wie ich mich
in der Provinz Asia vom ersten Tag an bis heute bei euch verhalten habe.
19 Ohne an mich selbst zu denken, habe ich dem Herrn gedient, oft unter
Tränen und obwohl die Juden mich verfolgten. 20 Ihr wisst auch, dass ich
nichts verschwiegen habe. Ich habe euch alles gepredigt und gelehrt, was
eurer Rettung dient – öffentlich, aber auch in euren Häusern. 21 Juden wie
Griechen habe ich klargemacht, dass sie zu Gott umkehren und an unse-
ren Herrn Jesus Christus glauben sollen. 22 Jetzt folge ich dem Willen des
Heiligen Geistes, wenn ich nach Jerusalem gehe. Was dort mit mir gesche-
hen wird, weiß ich nicht. 23 Nur dies eine weiß ich, dass mich Gefangen-
schaft und Leiden erwarten. Denn so sagt es mir der Heilige Geist in allen
Gemeinden, die ich besuche. 24 Aber mein Leben ist mir nicht wichtig.
Vielmehr will ich den Auftrag ausführen, den mir Jesus Christus gegeben
hat: die rettende Botschaft von Gottes Gnade und Liebe zu verkünden.
25 Ich weiß, dass keiner von euch, denen ich von Gottes neuer Welt gepre-
digt und bei denen ich gelebt habe, mich wiedersehen wird. 26 Deshalb
erkläre ich euch heute: Ich bin nicht schuld daran, wenn einer von euch
verloren geht. 27 Denn ich habe nichts verschwiegen, sondern euch den
ganzen Plan Gottes zur Rettung der Welt verkündet.
28 Von jetzt an müsst ihr auf euch selbst achten und auf die ganze Ge-
meinde, für die euch der Heilige Geist als Hirten einsetzte. Ihr sollt die
Gemeinde Gottes hüten, die er sich durch das Blut seines Sohnes erwor-
ben hat. 29 Denn ich weiß: Wenn ich nicht mehr da bin, werden falsche
Lehrer wie reißende Wölfe über euch herfallen, und sie werden die Herde

nicht schonen. [30] Sogar unter euch wird es Männer geben, die nur des-
halb die Wahrheit verfälschen, weil sie Menschen für sich gewinnen wol-
len. [31] Seid also wachsam! Denkt daran, dass ich drei Jahre lang unermüd-
lich jedem von euch Tag und Nacht, manchmal sogar unter Tränen, den
rechten Weg gewiesen habe. [32] Und nun vertraue ich euch Gottes Schutz
an und der Botschaft von seiner Gnade. Sie allein hat die Macht, euren
Glauben wachsen zu lassen und euch das Erbe zu geben, das Gott denen
zugesagt hat, die zu ihm gehören. [33] Niemals habe ich von euch Geld
oder Kleidung verlangt. [34] Ihr wisst selbst, dass ich den Lebensunterhalt
für mich und meine Begleiter mit meinen eigenen Händen verdient
habe. [35] Damit wollte ich euch zeigen, wie man arbeiten muss, um den
Armen zu helfen und das zu erfüllen, was unser Herr Jesus selbst gesagt
hat: Geben macht glücklicher als Nehmen."
[36] Nun knieten alle nieder, und Paulus betete mit ihnen. [37] Sie küssten
und umarmten Paulus zum Abschied; viele weinten laut, [38] weil er ihnen
gesagt hatte, sie würden ihn nicht wiedersehen. Dann begleiteten sie ihn
zum Schiff.

### *Bibelgespräch*
*30–45 Minuten*
*Wählen Sie ggf. unter den Fragen aus.*

1. Was macht – nach Paulus – einen guten Missionar bzw. einen guten Gemeindeleiter aus?

2. Worin besteht seine Aufgabe?

3. Was sind die größten Gefahren für die Gemeinde?

4. Paulus legt hier an sich und an andere einen sehr hohen Maßstab an. Wie gehen wir damit um, wenn wir zugeben müssen, dass wir nicht so gut sind?

### *Austausch und Gebet*
*15–30 Minuten*

*Wählen Sie ggf. unter den Fragen aus. Sie können das Gespräch mit einem gemeinsamen Gebet abschließen, in dem Sie auf mögliche Fragen und Anliegen Bezug nehmen, die im Gespräch deutlich geworden sind. Fragen, die nicht in der Gruppe thematisiert werden, können Ihnen auch als Anstoß dienen, zu Hause den Text vertiefend zu betrachten.*

1. Kennen Sie geistliche Leiter, die Ihnen auf Ihrem Lebensweg wichtig geworden sind? Was waren deren Qualitäten?

2. Beten Sie für alle, die im Dienst der Verkündigung stehen.

3. In welchem Konflikt steht Paulus? Warum weicht er den erwarteten Gefahren nicht aus?

4. Paulus spricht eindringlich von kommenden Gefahren. Wenn Sie an Ihre Gemeinde denken, überwiegt dann Ihre Sorge oder haben Sie den Glauben, dass Gott alles noch zum Guten richten wird? Lesen Sie dazu Lk 12,31+32.

## *Erläuterungen*

**Zusammenfassung:** Paulus, der den Ehrentitel „Völkermissionar" wahrlich verdient hat, ist dreimal zu großen Missionsreisen aufgebrochen, vgl. Apg 13,3; 15,36-40; 18,23. Gegen Ende seiner dritten Missionsreise muss Paulus das Gefühl gehabt haben, dass es Zeit für etwas Neues war. Zu sachlich und beiläufig hat die sonst gut zu lesende Bibel „Hoffnung für alle" Apg 19,21 übersetzt, wenn sie schreibt, Paulus habe eine Reise nach Rom beschlossen. Im griechischen Urtext wird es viel deutlicher: „Ich *muss* nach Rom", sagt der Apostel dort.
Paulus dachte strategisch. Aus dem Römerbrief wissen wir, dass er die Gemeinde in Rom als Ausgangspunkt nehmen wollte, um schließlich bis nach Spanien zu gelangen. Vorher aber wollte er noch nach Jerusalem, um dort eine Kollekte abzugeben. Damit beginnt in Paulus' Leben ein Abschnitt, dem Lukas in seinem Buch viel Raum gönnt.
In Jerusalem wird er von kleinasiatischen Juden erkannt, die ihn als Tempelschänder bezeichnen. Er wird beinahe gelyncht; es ist die römische Polizei, die ihn davor rettet. Paulus bleibt in römischer Haft. Er appelliert an das kaiserliche Gericht und wird schließlich nach Rom überführt, wo er in Hausarrest genommen wird und auf seinen Prozess wartet. Er darf dort Besuch empfangen und hört nicht auf, von Christus zu reden. Damit endet die Apostelgeschichte. Was ich hier in wenigen Zeilen berichtet habe, zog sich immerhin über mehrere Jahre hin. Paulus wurde im Jahr 57 verhaftet; der von Lukas genannte Romaufenthalt dürfte die Jahre 60 bis 62 umfassen. In diesem letzten großen Abschnitt seines Buches schildert Lukas den Apostel als gefangenen und leidenden Zeugen Jesu Christi, der trotz aller Umstände den Glauben und die Hoffnung nicht aufgibt und jede Gelegenheit nutzt, seinen Herrn zu bezeugen.
Aber noch bevor Lukas seinen „Helden" in Jerusalem ankommen lässt, berichtet er vom „geistlichen Testament" dieses Völkermissionars. Wir werden sehen, dass in diesem Text sowohl Paulus als auch Lukas zu Wort kommen.

**20,18-21. „Ihr wisst, wie ich mich in der Provinz Asia vom ersten Tag an bis heute bei euch verhalten habe." ...** Paulus unterstreicht in den ersten Sätzen seine Hingabe an den Dienst. Das ganze Evangelium hat er verkündigt. Er hat also nicht aus subjektiven theologischen, weltanschaulichen oder politischen Gründen manche Aspekte bevorzugt und andere unter den Tisch fallen lassen. Und: Leben und Botschaft stimmen bei ihm überein.

**20,21-24. „Jetzt folge ich dem Willen des Heiligen Geistes ..."** Paulus' Worte erinnern etwas an die Leidensankündigungen Jesu. Und das sollen sie auch. Lukas will ja zeigen, wie Jesu Geschichte und Auftrag sich in der Kirche fortsetzen.

**20,25. „Ich weiß, dass keiner von euch, denen ich von Gottes neuer Welt gepredigt und bei denen ich gelebt habe, mich wiedersehen wird."** Lukas berichtet nichts über Paulus' Tod. Dieser soll (wir haben keine endgültigen Beweise) bei der Christenverfolgung durch Kaiser Nero in Rom ums Leben gekommen sein. Wenn Lukas von Paulus' Tod wusste, dann ist dieser Vers in der ganzen Apostelgeschichte der deutlichste Hinweis darauf.

**20,28-32. „Von jetzt an müsst ihr auf euch selbst achten ..."** Worin besteht die Aufgabe der Ältesten und Gemeindeleiter? Die Verantwortung ist groß: **„... die Gemeinde hüten, die er sich durch das Blut seines Sohnes erworben hat."** Das aus der Bibel gut bekannte Bild des Hirten wird hier wieder aufgegriffen. Die Aussage dieses Verses ist: „Der Gute Hirte hat euch beauftragt, selbst gute Hirten zu sein." Wieder sehen wir die Kontinuität zwischen Jesus und seiner Kirche.
Als größte Gefahr für die Gemeinde Christi werden falsche Lehrer genannt. Erinnern wir uns an Apg 2,42, wo wir schon auf die Bedeutung christlicher Lehre und christlichen Unterrichts hingewiesen haben. Das besonders Gefährliche ist, dass aus der Mitte der Gemeinde heraus durch persönlichen Ehrgeiz solche falschen Lehrer erwachsen können. Paulus erinnert in Vers 31 daran, wie ihm das geistliche Wachstum der Gemeindeglieder und vor allem ihrer Leiter am Herz gelegen hat. Er hat viel Zeit in die persönlichen Kontakte investiert. Wer Leiter sein soll, muss geistlich ein Stück gewachsen sein. Geistliches Wachstum braucht aber stetige Begleitung.

**20,33-35. „Niemals habe ich von euch Geld oder Kleidung verlangt. ..."** Auch in seinen Briefen verweist Paulus auf seine wirtschaftliche Unabhängigkeit von den Gemeinden (vgl. 1 Kor 9,15). Die Gemeinde in Philippi ist die einzige, der er erlaubt hat, ihm etwas zu schenken (vgl. Phil 4,15). Dass Geben seliger sei als Nehmen, zitiert Paulus hier als Jesuswort. Aus den Evangelien ist es uns unbekannt, aber Jesus hat gewiss noch mehr gesagt als das, was in den Evangelien aufgeschrieben worden ist.

**Schlussbemerkung:** Über weite Strecken liest sich diese Rede wie eine Selbstrechtfertigung von Paulus. Die hat er eigentlich nicht nötig, aber hier wird noch einmal Lukas' pädagogische Gesamtabsicht deutlich. Vergessen wir nicht: Lukas schreibt aus einem gewissen zeitlichen Abstand heraus. Er hat Entwicklungen und Gefährdungen der Kirche erlebt. Er will seinen christlichen Lesern sagen: „Passt auf! Die Kirche hat eine ungeheure Verheißung. Sie ist durch den Heiligen Geist das Werk des Herrn. Keine Verfolgung kann ihr deshalb dauerhaft schaden. Ihr habt Vollmacht bekommen, zu verkündigen und zu handeln.

Aber seid wachsam! Orientiert euch an den ersten Zeugen und Märtyrern. Von ihnen lernt, wie man Gemeinde baut und in der Verkündigung nicht nachlässt und wie man Problemen begegnet. Wenn ihr das tut, steht ihr in einem Segensstrom, der ins ewige Leben führt."

Damit bietet die Apostelgeschichte Maßstäbe, um unser eigenes kirchliches Handeln zu überprüfen. Natürlich dürfen wir dabei nicht den geschichtlichen Abstand zwischen Lukas und uns vergessen. Auch wenn uns Lukas die Urgemeinde als Vorbild vorstellt, kann niemand von uns 2000 Jahre zurückspringen. Dennoch bleibt die Apostelgeschichte für uns ein herausforderndes, in manchen Fällen uns kritisierendes, aber immer auch ermutigendes Buch. Darin besteht ihre bleibende Bedeutung.

# Notizen

# Notizen

# Notizen

# Notizen

# Notizen

**David Platt**

## Folge. Mir. Nach.

Du wirst dich niemals langweilen.
Aber es wird dich etwas kosten.

Mit einem Vorwort von Francis Chan

224 Seiten, gebunden
ISBN 978-3-7655-1828-7

Viele Christen folgen Jesus gern aus sicherer Distanz. Sie wollen nur seine Jünger sein, solange das nicht ihren Lebensstil, ihre Bequemlichkeit oder ihre Einstellungen antastet. Aber was, wenn wir Jesus fragen, wer er wirklich ist? Was, wenn wir mal ernsthaft hinhören, was er wirklich sagt?

Genau das tut David Platt. Er nimmt Gottes Wort radikal ernst und weiß: Jesus' Aufforderung, ihm zu folgen, ist die Einladung zu einer Beziehung, die von Selbstverleugnung, Vertrauen, Tatendrang und unbändiger Freude geprägt ist.

Folge. Mir. Nach. motiviert uns, teilzuhaben an der großen Bestimmung, für die wir geschaffen wurden: ein erfülltes Leben finden und Gott zu ehren, indem wir Menschen für ihn gewinnen.

**Jerry MacGregor**

## Einfach göttliche Momente

40 praktische Ideen,
Gott neu zu erleben

192 Seiten, Taschenbuch
ISBN 978-3-7655-4223-7

Gott jeden Tag erleben – geht das? Jerry MacGregor hat konkrete Tipps aufgeschrieben, die den Leser auf seinem Glaubensweg wirklich nach vorn bringen. Dabei erzählt er überraschende Geschichten, inspiriert und fordert heraus.

Die 40 Ideen sind leicht umzusetzen und helfen dabei herauszufinden, wie jeder ganz persönlich seine Beziehung zu Gott vertiefen kann. Es gibt keine Abkürzung auf der Reise, Gott näherzukommen, aber jeder Schritt lohnt sich. Und dieses Buch ist ein guter Startpunkt!

*„Aller Aussagen unserer Kultur zum Trotz kann man Einfachheit nicht bei Ikea kaufen."*
Jerry MacGregor

BRUNNEN VERLAG GIESSEN
www.brunnen-verlag.de